**Kauderwelsch
Band 25**

# Impressum

Phillip Gysling
**Canadian Slang — das Englisch Kanadas**
erschienen im
REISE KNOW-HOW Verlag Peter Rump GmbH
Osnabrücker Str. 79, D-33649 Bielefeld
info@reise-know-how.de

© REISE KNOW-HOW Verlag Peter Rump GmbH
6., neu bearbeitete und verbesserte Auflage 2013
Konzeption, Gliederung, Layout und Umschlagklappen
wurden speziell für die Reihe „Kauderwelsch" entwickelt
und sind urheberrechtlich geschützt.
Alle Rechte vorbehalten.

| | |
|---|---|
| *Bearbeitung* | Josef Overberg, Alexander Schwarz |
| *Layout* | Elfi H. M. Gilissen |
| *Layout-Konzept* | Günter Pawlak, FaktorZwo! Bielefeld |
| *Umschlag* | Günter Pawlak |
| *Illustrationen* | Stefan Theurer |
| *Druck und Bindung* | Werbedruck GmbH Horst Schreckhase, Spangenberg |

**ISBN 978-3-89416-747-9**
Printed in Germany
Dieses Buch ist erhältlich in jeder Buchhandlung Deutschlands, Österreichs, der Schweiz und der Benelux-Staaten.
Bitte informieren Sie Ihren Buchhändler über folgende
Bezugsadressen:

| | |
|---|---|
| *Deutschland* | Prolit GmbH, Postfach 9, 35461 Fernwald (Annerod) sowie alle Barsortimente |
| *Schweiz* | AVA-buch 2000, Postfach 27, CH-8910 Affoltern |
| *Österreich* | Mohr Morawa Buchvertrieb GmbH, Sulzengasse 2, A-1230 Wien |
| *Belgien & Niederlande direkt* | Willems Adventure, **www.willemsadventure.nl** |

Wer im Buchhandel kein Glück hat, bekommt unsere Bücher
zuzüglich Porto- und Verpackungskosten auch direkt
über unseren Internet-Shop: **www.reise-know-how.de.**
Zu diesem Buch ist ein **AusspracheTrainer** erhältlich, auf
**Audio-CD** in jeder Buchhandlung Deutschlands, Österreichs,
der Schweiz und der Benelux-Staaten oder als **MP3-Download**
unter **www.reise-know-how.de**
Der Verlag möchte die **Reihe Kauderwelsch** weiter ausbauen
und **sucht Autoren!** Mehr Informationen finden Sie unter
**www.reise-know-how.de/rkh_mitarbeit.php**

**Kauderwelsch**

Philipp Gysling

# Canadian Slang
*das Englisch Kanadas*

Zu diesem Buch
ist eine Audio-CD erhältlich:
ISBN 978-3-8317-6209-5

Auch als MP3-Download:
www.reise-know-how.de

Reise Know-How
im Internet
**www.reise-know-how.de**
**info@reise-know-how.de**

**Für Smartphone-Benutzer**
(QR-Code mit einer APP scannen)

*Weitere Infos!*

canadian-slang.reise-know-how.de

# Kauderwelsch-Slangführer sind anders!

**W**arum? Sie sind bestens mit der Landessprache vertraut und verstehen trotzdem nur die Hälfte, wenn Sie mit den Menschen vor Ort so richtig ins Gespräch kommen?

Gerade wenn Sie sich in der „Szene" bewegen oder Menschen in ihrem ganz normalen Alltag antreffen, sie auf der Straße ansprechen, mit ihnen ein Bier in der Kneipe trinken, ist deren Sprachgebrauch Meilen entfernt von der offiziell verwendeten Hochsprache in den Medien und den Bildungsinstituten.

Man bedient sich der **lockeren Umgangssprache** und vieler **modischer Slangbegriffe**, die oft nicht einmal die gesamte Bevölkerung versteht, sondern nur bestimmte Altersschichten, eingeschworene Szenemitglieder oder Randgruppen.

Die meisten Slangausdrücke haben eine kurze Lebensdauer und finden nie den Weg in das Lexikon. **Slang ist vergänglich.** Aber es bringt die nötige Würze in das sonst zu dröge daherkommende, in der Hochsprache geführte Gespräch.

Die wahre Vielfalt einer Sprache liegt in diesem lebendigen Mischmasch von Hochsprache, Umgangssprache und Slang. In diesem bunten Mix spiegeln sich **Lebensart, Lebensgefühl** und **Lebensphilosophie** der Menschen vor Ort.

Da die Umgangssprache eher gesprochen als geschrieben wird und es für deren Schreibweise keine festen Regeln gibt, werden Sie immer wieder auf unterschiedliche Schreibweisen der Slangworte stoßen, wenn Sie diese denn einmal geschrieben sehen.

**Die AutorInnen** werden Sie immer wieder zum Schmunzeln bringen und Ihnen gekonnt Mentalität und Lebensgefühl des jeweiligen Sprachraumes vermitteln. Es werden Wörter, Sätze und Ausdrücke des Alltags aus der Kneipe und dem Arbeitsleben, die Sprache der Szene und der Straße erklärt. Im Anhang sind diese in 1000 Stichworten geordnet, damit Sie die täglich gehörten Begriffe und Wendungen finden können, die bisher kaum in Wörterbüchern aufgeführt sind.

# Inhalt

**Einleitung**

  9 Vorwort
11 Geschichte des kanadischen Englisch
17 Die Aussprache

**Konversation**

24 Indianer und Inuit
27 Land und Leute
33 Regionale Besonderheiten
41 Flora und Fauna
48 Das Wetter
50 Sport
57 Andere Freizeitaktivitäten
58 Politik
60 Schulen
62 Arbeit
64 Kohle & Knete
67 Klamotten
70 Wohnen

# Inhalt

- 73 Unterwegs
- 76 Kneipen
- 78 Food ...
- 82 ... and drink
- 85 Rauchen
- 86 Drogen
- 87 Beschimpfungen
- 95 Sex und alles, was dazu gehört
- 101 Klo & Co.
- 104 Lockere Alltagssprache

**Anhang**

- 118 Literaturtipps
- 119 Register

# Vorwort

Das vorliegende Buch über die englische Sprache in Kanada richtet sich an all jene, die in Kanada ihren Urlaub zu verbringen gedenken, Kanada bereits besucht haben, oder sonst irgendeine Affinität zu diesem wunderschönen Land haben. Es ist kein Sprachlehrmittel und soll nicht als solches gebraucht werden. Idealerweise wird es einem interessierten Touristen, der bereits gute Englischkenntnisse besitzt, als Hilfsmittel für das Verständnis von Besonderheiten des kanadischen Glossars oder der kanadischen Umgangssprache behilflich sein. Nebst regionalen und historischen Hinweisen stellen die Wörter- und Redewendungenlisten den Großteil dieses Bandes dar. Diese Listen sind nach Themen geordnet, um das Nachschlagen für den Leser zu vereinfachen.

In der ersten Hälfte des Buches wird auf klimatische, kulturelle und soziale Elemente aus der kanadischen Umgangssprache eingegangen. Je weiter sich der Leser ins Buch vorarbeiten wird, desto gassenähnlicher und derber werden die aufgeführten Ausdrücke. Der abschließende Teil befasst sich mit der Umgangssprache, wie sie auf der Straße gesprochen wird und enthält deshalb einige vulgäre, sexistische, rassistische oder sonstwie anstößige Einträge. Für einen fremdsprachigen Beobachter genügt es vollkommen, wenn er

*„Gefährliche" Sprachelemente sind mit dem Symbol (\*) versehen und sollten auf keinen Fall aktiv gebraucht werden!*

# Vorwort

ein passives Verständnis gewisser unschöner Ausdrücke besitzt. Der Gebrauch von Slang ist im Allgemeinen auf Gruppen beschränkt, deren Mitglieder sich gut kennen. Bis man als Lernender mit einem englischen Muttersprachler ein so vertrautes Verhältnis aufbaut, dass man die sogenannten **four-letter-words** gebrauchen kann, vergeht lange Zeit. Die unausgesprochenen Implikationen, die mit der informellen Sprache zum Teil assoziiert werden, sind dem durchschnittlichen Nicht-Muttersprachler einfach nicht zugänglich. Ich rate also bei der Anwendung der Slangausdrücke zu großer Vorsicht.

Dieser Kanadisch-Englisch-Band will auch nicht als linguistisch fundierte Analyse der englischen Sprache in Kanada verstanden werden. Vielmehr handelt es sich bei der vorliegenden Liste um in Kanada gesammelte und von Kanadiern aus allen Landesteilen angegebene Ausdrücke. Da der Autor während der Zusammenstellung des Buches in Toronto ansässig war, dürfte ein leichter Hang zu „Toronto-ismen" zu entdecken sein. Als größte Stadt Kanadas ist Toronto aber auch Heimat für viele zugewanderte Kanadier aus **Newfoundland** bis **British Columbia (BC)**, so dass die Sammlung sicherlich als gesamt-kanadisch gelten kann. Der geographischen Immobilität wurde durch das Beiziehen von humoristischen Wortsammlungen aus verschiedenen Teilen des Landes entgegengewirkt.

# Geschichte des kanadischen Englisch

**M**it einer Fläche von knapp 10 Mio. Quadratkilometern ist Kanada nach Russland das zweitgrößte Land der Welt. Aber nur ein sehr kleiner Teil dieses riesigen Gebietes ist bewohnt. Die große Mehrheit der Kanadier wohnt innerhalb eines ca. 150 km breiten und über 4700 km langen, an die USA grenzenden, Landstreifens. Sobald man sich von dieser längsten militärisch unüberwachten Grenze der Welt Richtung Norden entfernt, stößt man in weitgehend unbewohnte und unberührte Landschaften vor. Im äußersten Osten des Landes verläuft die Grenze vom Atlantik her nördlich zwischen **New Brunswick** und dem US-Bundesstaat Maine, dreht dann bei **Edmunston, NB**, Richtung Westen und Südwesten bis zum 45. Breitengrad ab. Der St. Lorenz-Strom **(St. Lawrence River)** und die großen Seen **(Great Lakes)** bilden von da an eine topographische Grenze, und beim **Lake of the Woods** in **Manitoba** beginnt die lange, bis zum Pazifik reichende geometrische Unterteilung der USA und Kanadas. Obwohl der 49. Breitengrad also nicht quer durchs ganze Land als Demarkationslinie dient, wird die amerikanisch-kanadische Grenze oft symbolisch einfach **49th parallel** genannt.

Die ca. 28 Mio. Einwohner Kanadas leben in einem offiziell zweisprachigen Land: Da das Land sowohl von den Briten wie von den

> Hören Sie sich **Aussprachebeispiele** mit Ihrem Smartphone an! Ausgewählte Kapitel dieses Buches sind dafür mit einem QR-Code ausgestattet.

# Geschichte des kanadischen Englisch

*Etwa 6 Mio. Kanadier geben Französisch als ihre Muttersprache an.*

Franzosen kolonialisiert wurde, sind heute beide Kolonialsprachen kanadische Landessprachen. Von den zehn Provinzen Kanadas sind acht englischsprachig, eine zweisprachig **(New Brunswick — Nouveau Brunswick)** und eine französischsprachig **(Québec)**.

*Ebenfalls erhältlich: Kauderwelsch-Bd. 99 Québécois Slang*

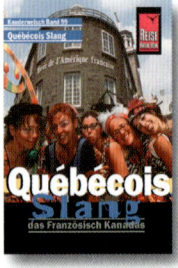

Geographisch betrachtet befinden sich die frankophonen Gebiete Kanadas im Osten des Landes. Westlich der Hauptstadt **Ottawa** sind eigentlich alle Provinzen rein englischsprachig. Die sogenannten **Maritime Provinces (Nova Scotia, Prince Edward Island, New Brunswick)** und **Newfoundland**, die Provinzen also, die an der atlantischen Küste, d.h. ganz im Osten des Landes liegen, sind ebenfalls englischsprachig. **Newfoundland** war die erste englische Kolonie in Nordamerika. Die englischsprechende Gemeinschaft in Kanada ist

*Im Nordosten Ontarios gibt es eine ziemlich bedeutende französischsprechende Minderheit, die Franco-Ontariens.*

also durch das riesige **Québec** physisch in zwei Teile getrennt. Von der Bevölkerungszahl her ist **Ontario** mit fast 10 Mio. Einwohnern die wichtigste Provinz. Die Prärien sind sehr dünn besiedelt, während **Alberta** und **British Columbia** wieder etwas höhere Einwohnerzahlen aufweisen. Die geographische Isolierung der atlantischen Provinzen hat nicht nur soziale und ökonomische Folgen mit sich gezogen, sondern hat auch deutliche phonetische Besonderheiten in der Umgangssprache dieser Landesteile hervorgebracht.

*Auch weiter im Westen sind einige kleine französischsprachige Enklaven zu finden.*

Diese geographische Aufsplitterung der englischsprachigen Mehrheit Kanadas ist durch die Siedlungsgeschichte des Landes zu

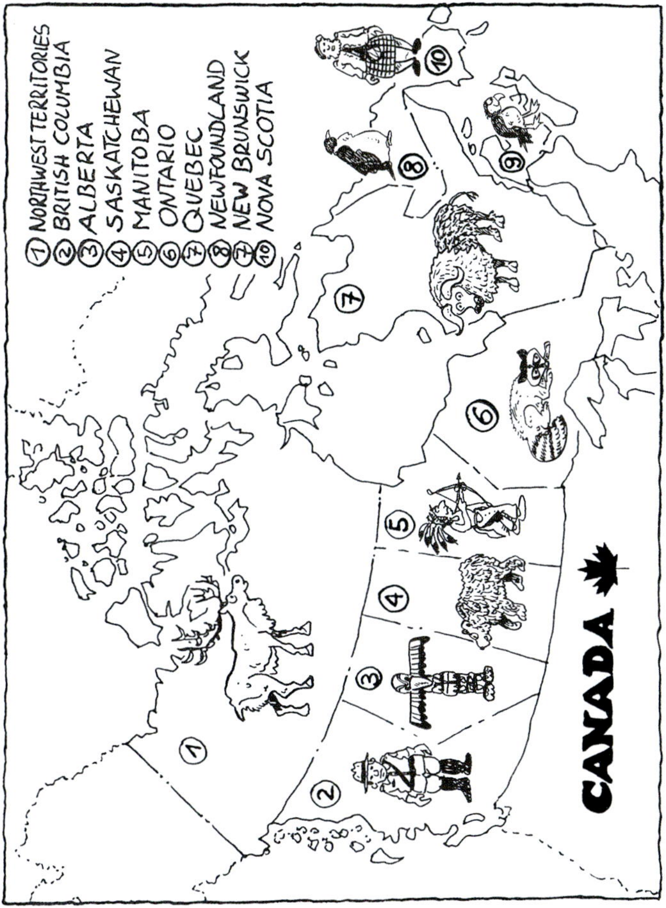
1 NORTHWEST TERRITORIES
2 BRITISH COLUMBIA
3 ALBERTA
4 SASKATCHEWAN
5 MANITOBA
6 ONTARIO
7 QUEBEC
8 NEWFOUNDLAND
9 NEW BRUNSWICK
10 NOVA SCOTIA
1
2
3
4
5
6
7
8
9
10
CANADA

## Geschichte des kanadischen Englisch

erklären. Während **Newfoundland**, **Nova Scotia, Prince Edward Island** und **New Brunswick** schon früh mit Einwanderern aus Südengland und Irland besiedelt wurden, ist der kanadische Westen erst viel später und von Gruppen aus ganz unterschiedlichen englischsprachigen Regionen kolonisiert worden. Die Bevölkerung der damals noch britischen Kolonie hat sich um 1783 84, nach dem Unabhängigkeitskrieg in den USA, schlagartig verdoppelt. Verantwortlich für diesen Quantensprung waren die nach **Ontario** eingewanderten **Loyalists**, die vor allem aus den Staaten New York und Pennsylvania in die britische Kolonie auswanderten. Die Loyalisten waren Amerikaner, die weiterhin unter britischer Herrschaft leben wollten. Eine Erhebung aus dem Jahre 1813 belegt, dass zu jener Zeit 80% der Einwohner Kanadas amerikanischer Herkunft waren, während nur 20% direkt britische Vorfahren hatten (vor allem in den **Maritimes**).

In den 30er und 40er Jahren des vorletzten Jahrhunderts schwappte jedoch eine neue Einwanderungswelle von den britischen Inseln nach Kanada über. Dieser starke Zustrom aus Großbritannien bewirkte eine erneute Verschiebung der demographischen und linguistischen Verhältnisse. Als Kanada **1867** zu einer Konföderation erklärt wurde, waren 50% der 3,5 Mio. Kanadier britischer Abstammung. Die Einwanderungsströme haben das kanadische Englisch stets zwischen dem ame-

# Geschichte des kanadischen Englisch

rikanischen und britischen Englisch hin- und hergerissen.

Westlich von **Ontario** hat sich Englisch als Muttersprache erst seit wenigen Generationen etabliert; die Sprache der Bevölkerung in den Prärien **(Manitoba, Saskatchewan, Alberta)** und an der Pazifikküste **(British Columbia)** wurde zu einem großen Teil auch von deutschen, osteuropäischen und skandinavischen Einwanderern geprägt. In diesen weiten, dünnbesiedelten Gebieten dauerte es dementsprechend länger, bis sich Englisch richtig durchsetzen konnte. So ist es heute unmöglich, den sprachlichen Einfluss der verschiedenen Einwandererströme genau abzuschätzen. Es ist z. B. interessant zu sehen, dass britische Einwanderer an den **Prairies** wenig Interesse fanden, sich aber weiter westlich in **BC** in relativ großen Zahlen niederließen (vielleicht wegen des an die Inseln erinnernden omnipräsenten Regens!).

Das kanadische Englisch ist sicherlich die **Commonwealth**-Sprachvariante, die am meisten von der Muttersprache aus Großbritannien abweicht. Die nahe Verwandtschaft zum Amerikanischen wird jedem Reisenden sofort augenscheinlich, das **General American English** ist auch in Kanada Standard, und das im Mutterland gesprochene **Queen's English (received pronunciation)** hat nur noch einen marginalen Einfluss. Die erwähnten Gründe haben es in Kanada unmöglich gemacht, dass sich eine für den Normalbesucher leicht zu

*Verglichen mit den Dialekten anderer früherer Kolonien (z. B. Australien, Neuseeland, Südafrika), muss man die Sprache Kanadas linguistisch eher in die Familie des amerikanischen als des britischen* Commonwealth-*Englisch einordnen.*

# Geschichte des kanadischen Englisch

*Die Französisch sprechende Minderheit in Kanada legt eine äußerst starke kulturelle und sprachliche Identität an den Tag.*

identifizierende, eigene Englischvariante entwickeln konnte. Die Eigenheiten sind subtil und nicht ganz einfach zu erkennen. Die meisten englischsprechenden Kanadier können nur wenige Merkmale ihrer eigenen Sprache anführen.

Ein entscheidender Aspekt bei der Durchsetzung einer Standardsprache ist ihre Verbreitung im offiziellen Schulsystem eines Landes. Im Gegensatz zu den USA, wo es schon früh Bemühungen gab, die Schulen einheitlich zu organisieren, dauerte derselbe Prozess in Kanada viel länger. Die aus den USA eingewanderten Loyalisten zeigten sich für eine Vereinheitlichung des Schulsystems verantwortlich; der standardisierte Unterricht hatte in **Ontario** bald eine homogenisierende Wirkung auf die Sprache. In den **Maritimes** aber ging es viel länger bis sich einheitliche Schulsysteme durchsetzten, so dass sich charakteristische, auf dem mündlichen Gebrauch basierende regionale Akzente und Wörter besser behaupten konnten. Die Stärkung gesamtkanadischer sprachlicher Charakterzüge ist aber trotz der Schulen ausgeblieben. Insgesamt dürfte das Schulsystem eine eher verwirrende Wirkung auf die Kanadier gehabt haben, denn in kanadischen Schulen wurde immer die britische Englischvariante gelehrt, so dass wieder ein Unterschied zum täglichen Gebrauch entstand. Auch hier gab es also zwischen den beiden Englischvarianten Konkurrenz. Dieser Unterschied innerhalb des Kanadisch-Englisch ist bis heute erhalten geblieben und stellt immer noch das Hauptthema sprachwissenschaftlicher Untersuchungen in Kanada dar

Wegen dieser geschichtlichen Entwicklungen ist es schwierig, Eigenschaften im kanadischen Englisch aufzuzeigen, die für das ganze Land Gültigkeit haben. Oft sind gewisse Vokabular- oder Aussprachepräferenzen nicht auf die geographische Herkunft eines Sprechers zurückzuführen, sondern auf dessen sozio-ökonomischen Status, sein Alter oder sein Geschlecht. Im Gegensatz zu den **Québécois** besteht bei den Anglo-Kanadiern kein sehr starkes sprachliches und kulturelles Bewusstsein. Es fällt auch den Sprachwissenschaftern schwer, die vielen regionalen und lokalen Akzente und Varianten unter eine einzige „kanadisch-englische" Decke zu bringen.

# Die Aussprache

Die folgenden phonetischen Beispiele illustrieren einige Aussprachemerkmale des kanadischen Englisch; die kanadische Variante stellt eine Mischung von sprachlichen Einflüssen aus Großbritannien und den USA dar. Die amerikanische Komponente steht aber klar im Vorteil, es überleben aber trotzdem noch einige britische Relikte. Kurzum: meist sind beide Varianten möglich. In den

# Die Aussprache

unten aufgeführten Tabellen steht jeweils in der Mitte die amerikanische und rechts die britische Aussprachevariante.

Ein „r" nach einem Selbstlaut (Vokal) wird in Nordamerika so ausgesprochen:

| car   | kar   | ka   |
|-------|-------|------|
| first | först | föst |

Das breite „a" (father) wird durch ein kurzes „a" (man) ersetzt:

**Kauderwelsch-Audio-CD**

| laugh  | læf  | laaf  |
|--------|------|-------|
| can't  | kænt | kaant |

*Falls Sie sich die fremdsprachigen Sätze und Wörter, die in diesem Buch vorkommen, einmal von einem Kanadier gesprochen anhören möchten, können Sie die begleitende **Audio-CD** zu diesem Buch in jeder Buchhandlung oder - zuzüglich Porto- und Verpackungskosten - auch über unseren Internetshop **www.reise-know-how.de** erwerben. Dort bieten wir die CD auch als **MP3-Download** an.*

Soll er das „i" in Wörtern wie **direction** oder **organization** wie ein Brite oder wie ein Amerikaner aussprechen?

| direction    | direkschn    | dairekschn    |
|--------------|--------------|---------------|
| organization | orgenisäschn | orgenaisäschn |

Die letzte Silbe in **fertile** oder **missile** ist in der amerikanischen Variante immer reduziert:

| missile | misl  | misail |
|---------|-------|--------|
| fertile | förtl | förtail |

Auch mit Wörtern wie **new** oder **student** hat der Kanadier wieder die Qual der Wahl:

| new     | nu       | nju      |
|---------|----------|----------|
| student | ßtudent  | ßtjudent |

# Die Aussprache

Bei mehrsilbigen Vokabeln wie **territory** oder **secretary** werden die erste Silbe wie auch die dritte betont; diese amerikanische Aussprache entspricht der Buchstabierung (die traditionell britische Betonung hat nur auf der ersten Silbe einen Akzent).

Es gibt eine ganze Reihe lexikologischer Untersuchungen, in denen Kanadier aus dem ganzen Land nach ihren sprachlichen Vorlieben (GB vs US) befragt wurden. Beim britisch-amerikanischen Vergleich von Paaren werden kaum Unterschiede im Gebrauch registriert. Manchmal wird die britische Variante vorgezogen: **lend** statt **loan** (ausleihen) und manchmal die amerikanische: **dove** statt **dived** (tauchte). Die amerikanische Variante wird zwar öfter bevorzugt, es sind aber auch britische und eigene kanadische Varianten möglich. Diese Unbeständigkeit kann sogar bei ein und derselben Person auftreten; manchmal wird selbst die Aussprache eines bestimmten Wortes je nach Situation geändert (z. B. **either** (aiðr) oder (iðr)).

shades / blinds
= *Jalousien*
serviettes / napkins
= *Servietten*
tap / faucet
= *Wasserhahn*
holiday / vacation
= *Ferien*
braces / suspenders
= *Hosenträger*

Dieselbe Einflussverteilung gilt auch für die Schreibweise. Obwohl die britische Rechtschreibung durch die Schulen verbreitet wird, ist der englischsprechende Kanadier wie der Amerikaner geneigt, so zu buchstabieren, wie es die Aussprache suggeriert (z. B. **aluminum** statt **aluminium**, oder **color** statt **colour**).

Eine der jüngsten Untersuchungen zu diesem Thema aus **Saskatchewan** zeigt allerdings, dass der Trend bei den jüngeren Semes-

Immigration *(Englisch)*
– Centre d'immigration *(Französisch)*

# Die Aussprache

tern deutlich zum Amerikanischen neigt. Die bei älteren Leuten noch üblichen britischen Aussprachen von **lieutenant** (leftenent) oder **schedule** (schedjul) werden sicherlich bald nur noch eine marginale Bedeutung haben und an ihre Stelle (lutenent) und (skedjul) treten. Auch das amerikanische **Do you have?** verdrängt die britischen **Have you?** oder **Have you got?** unaufhaltbar.

Die nun folgende Liste enthält typische Redensarten, an denen man Kanadier erkennen kann:

| | |
|---:|---|
| eh?! | dieses Anhängsel ist in Kanada so omnipräsent wie Ahornblatt und der Biber; es kann immer und überall gebraucht werden und kann heißen : Bist du einverstanden? Verstehst du? Was hast du gesagt? Wie bitte? OK! |
| out, about | der Zwielaut au wird von vielen Kanadiern kaum ausgesprochen, so dass der „a"-Laut fast verschwindet: **out** ut oder **about** abut. |
| wife, tired, fire | wie im vorhergehenden Beispiel wird auch dieser Doppellaut (ai) fast zu einem einfachen Laut, d. h. **tired** klingt dann eher wie tard. |
| Ottawa, bottle | Der Buchstaben „t" wird zu einem „d" aufgeweicht: Oddawa, boddle. |
| arctic, Saskatchewan | gewisse komplizierte Konsonantenserien werden in der Umgangssprache vereinfacht: ardic, Skatchewan. |
| tuesday | hier ist wieder der ju-Laut im Spiel: tjuzdi oder tusdi wird meist zu tschusdi. |

# Die Aussprache

| | |
|---|---|
| der Buchstabe **Z** heißt in Kanada, nach britischer Manier zed, während er in den USA zi genannt wird. | Z |
| **Chesterfield** wird für Sofa ausschließlich in Kanada gebraucht (**couch** und **sofa** kommen auch vor.) In den USA sind **Chesterfields** eine Zigarettenmarke. | Chesterfield |
| Das **found** in **Newfoundland** wird nur mit einem u-Laut ausgesprochen, also nicht **new found land,** sondern njufundl'nd mit Betonung auf der ersten Silbe. | Newfoundland |

Ähnlich wie in den USA gibt es in Kanada markante regionale Akzente, vor allem an der Ostküste, wo es kleine sprachlich homogene Kolonien aus verschiedenen Gebieten der britischen Inseln (Schottland, Irland, Südengland, ...) gab. In Kanada werden da die typische Sprechweise der Neufundländer, der Bewohner der **Maritimes** und des **Ottawa Valley**, die den sogenannten **Ottawa Valley twang** reden, aufgeführt. Das **Ottawa Valley** wurde überwiegend von Iren besiedelt, was der lokalen Sprache einen deutlichen Stempel aufgedrückt hat. Je weiter man in den Westen reist (ob in Kanada oder den USA), desto einheitlicher wird der Akzent. Im dünn besiedelten mittleren Westen und an der Westküste ist die Sprechweise des **General American English** die Norm. Was die verschiedenen Gebiete in sprachlicher Hinsicht unterscheidet ist in erster Linie das Vokabular. Der Wortschatz ist durch ökonomische und geografische Kom-

# Die Aussprache

ponenten bedingt. Während an beiden Küsten traditionell vieles mit der Fischerei zu tun hat, sind in den Prärien die Agrarwirtschaft und in bewaldeten Gebieten die Holzindustrie Quelle vieler lokaler Begriffe.

Wie schon aus den vorangegangenen Abschnitten zu erraten ist, hat das amerikanische Englisch vor allem auch entscheidenden Einfluss auf den kanadischen Slang. Wegen der unmittelbaren Nähe der USA, der Omnipräsenz ihrer Medien und dem regen Grenzverkehr zwischen den beiden Nachbarn, sind viele Slangausdrücke aus dem Amerikanischen entlehnt. Wenn man also in der ameri-

# Die Aussprache

kanischen Umgangssprache gut bewandert ist, wird man sich auch in Kanada mit dem Großteil der **Canuck**-Sprache schnell zurechtfinden. Nichtsdestotrotz gibt es in Kanada eine Reihe von Ausdrücken, die direkt mit dem Land des Ahornblattes, der Hockeyspieler, der **Mounties** *(Polizei)* und der **Inuits** *(Eskimos am Polarkreis)* zu tun haben.

Obwohl die kanadische Sprache sehr stark vom südlichen Nachbarland beeinflusst wird, darf Kanada sprachlich nicht als 51. Staat der USA betrachtet werden. Kanadier sind sehr patriotisch und stolz auf ihr Land: Beinahe jeder im Ausland reisende Kanadier demonstriert mit dem universalen kanadischen Emblem (Ahornblatt — **maple leaf**) seine Staatsangehörigkeit irgendwo auf seinem Outfit. Das schlimmste für eine(n) Kanadier(in) ist, für eine(n) Amerikaner(in) gehalten zu werden. Trotz der teils minimalen sprachlichen Unterschiede behauptet auch jeder Kanadier einen Ami sofort an der Sprache identifizieren zu können.

In ihrem täglichen Leben befassen sich Kanadier/innen mit Themen, die wenig bis gar nichts mit den USA zu tun haben und deshalb eigene kanadische Ausdrücke hervorgebracht haben. Die politischen Strukturen und die offizielle Zweisprachigkeit stellen grundsätzliche Unterschiede zu den USA dar. Es gibt aber auch unzählige andere, weniger offensichtliche Themengebiete, die die Kanadier von den Amerikanern unterscheiden.

*Dieser Band bietet sowohl typisch kanadische wie auch allgemein nordamerikanische Slanginformationen, denn die letzteren dürfen keinesfalls außer Acht gelassen werden, wenn eine Vollständigkeit der kanadischen Umgangssprache gewährleistet werden soll.*

# Indianer und Inuit

**W**ie hinreichend bekannt, waren beide amerikanischen Kontinente lange vor der „Entdeckung" durch die Europäer bereits von Menschen bewohnt. Aus diesem Grund nennen sich die Ureinwohner in Kanada **First Nations** *(erste Nationen)*. Als die europäischen Kolonisten sich auf dem nordamerikanischen Kontinent breitzumachen begannen, wurden einige Stämme aus ihren ursprünglichen Wohngebieten vertrieben und mussten eine neue Heimat finden. Die verschiedenen Stämme, die über den ganzen Kontinent verteilt waren, sprachen eine Vielzahl von eigenständigen Sprachen. Viele der ursprünglichen Stämme sind heute ausgestorben, und mit ihnen ihre Sprachen. Die Indianer und Eskimos werden übrigens nicht **Indians** oder **Eskimos** genannt; stattdessen werden die politisch korrekteren Begriffe **Native Americans** und **Inuits** benutzt.

Bis zur heutigen Zeit haben sich die **Natives** *(Eingeborenen)* nie richtig mit der importierten, westlichen Gesellschaft anfreunden können. Ihr erklärtes politisches Ziel ist eine weitgehende Autonomie. Einige der Eingeborenen sind in die Städte gezogen, aber die Mehrzahl der Indianer lebt in Reservaten, welche von der kanadischen Regierung subventioniert werden. Kanadier mit **native status** genießen auch sonst gewisse finanzielle

# Indianer und Inuit

Vorteile wie z. B. Steuerermäßigungen, was aber nicht unbedingt bedeutet, dass es ihnen daher finanziell gut geht. Die folgenden Indianernationen stellen die heute wichtigsten Indianerstämme in Kanada dar:

| | |
|---|---|
| **Assiniboine** | Stamm in den Prärien **(Alberta; Saskatchewan)** |
| **Cree** | Stamm in den Prärien |
| **Haida** | Stamm auf den **Queen Charlotte Islands** |
| **Inuit** | Ureinwohner am Polarkreis |
| **Kootenay** | Stamm im **Interior** von **BC** auf der Westseite der **Rockies**. Die **Kootenays** sind auch eine Gebirgskette dieser Gegend. |
| **Kwakiutl** | Stamm auf **Vancouver Island** |
| **métis** | meti Mischling aus Franko-Kanadiern und Indianern |
| **Mohawk** | Stamm im Süden von **Québec** und **Ontario** |
| **Nootka** | Stamm auf **Vancouver Island** |
| **Ojibwa** | Stamm um den **Lake Superior (Ontario; Manitoba)** |
| **Sioux** | suu – Stamm in den Prärien |

*Der Ausdruck Eskimo wird nicht mehr gebraucht, weil er nicht „politisch korrekt" ist.*

Die deutlichsten Spuren haben die indianischen und Eskimosprachen in Ortsnamen hinterlassen. In ganz Kanada gibt es unzählige Ortschaften, Gegenden, Inseln, Seen, Flüsse mit original „einheimischen" Namen: **Mississauga, Nanaimo, Manitoulin Island, Winnipeg, Saskatchewan, Lake Huron, Chicoutimi,**

# Indianer und Inuit

**Tuktoyaktuk**, ... Für die Bennenung der unbekannten Flora und Fauna haben die Pioniere oft die indianischen Sprachen zur Hilfe genommen. Einige indianische und **Inuit**-Vokabeln sind heute fast weltweit bekannt:

| | |
|---|---|
| **canoe** | offenes Kanu der Indianer |
| **igloo** | Schneehütte der Inuit |
| **kayak** | geschlossenes Kajak der Inuit |
| **mocassins** | Lederschuhe der Indianer |
| **muktuk** | essbare, äußere Haut eines Belugawals |
| **squaw** | Indianerfrau |
| **teepee** | das typische Indianerzelt |
| **totem pole** | Totempfahl |
| **ulus** | eine Art Messer der Inuit |

# Land und Leute

**D**ie elf kanadischen Provinzen sind **Alberta, British Columbia, Manitoba, New Brunswick, Newfoundland, Nova Scotia, Ontario, Prince Edward Island, Québec, Saskatchewan, Nunavut** und die zwei Territorien sind **Northwest Territories** und **Yukon Territory**.

Außer den beiden Inselprovinzen und den beiden kaum bewohnten arktischen Territorien haben alle kanadischen Provinzen eine gemeinsame Grenze mit den USA. Manche Gebiete und Städte sind auch unter anderen Namen oder Abkürzungen bekannt:

| | |
|---|---|
| **BC** | **British Columbia** |
| **NWT** | **Northwest Territories** |
| **PEI** | **Prince Edward Island**, Kanadas kleinste Provinz |
| **49th parallel** | 49. Breitengrad, der die USA von Kanada trennt |
| **60th parallel** | 60. Breitengrad, südliche Grenze der **Northwest Territories** / **Yukon Territory** |
| **Acadia** | Name der ersten französischen Kolonie Nordamerikas: **Maritimes** |
| **badlands** | Gegend im Südosten **Albertas** |
| **Banff** | Hauptskiort der kanadischen **Rockies**, liegt in **Alberta** |
| **Chinook** | warmer Wind, der über die **Rockies** nach **Alberta** bläst; erhöht die Temperatur innerhalb kürzester Zeit um 20°C |

# Land und Leute

| | |
|---|---|
| Codland | Bezeichnung für **Newfoundland**. Übrigens: **Cod** bedeutet Kabeljau. |
| Georgian Bay | Teil von **Lake Huron**, ca. 150 km nördlich von **Toronto**. |
| Great White North | *großer weißer Norden* |
| Hogtown | *Schweinestadt* — ein Name für **Toronto** |
| hoodoos | Durch Winderosion geformte Gesteinssäulen, in den **badlands** im Südosten **Albertas**. |
| Kits(ilano) Beach | Bekannter Strand in Vancouver. |
| Lachine | Vorort von **Montreal**; so benannt, weil Jacques Cartier dachte, er hätte den Orient gefunden. |
| Lower Canada | bis 1841 Bezeichnung für das heutige **Québec**, weil tiefer am St. Lorenz-Strom. |
| Lower Mainland | dicht besiedelter, südwestlicher Teil der Provinz **BC** (über 70% der Provinzbevölkerung). |
| Maritimes | Provinzen an der Atlantikküste: **Nova Scotia, New Brunswick, Prince Edward Island**. |
| medicine line | Grenze zwischen Kanada und den USA zur Zeit des Alkoholschmuggels während der Prohibition. |
| Miramichi | Region und Fluss in **New Brunswick** |
| Muskowa | **Cottage country** (*Ferienhäuschenland*) für viele **Torontonians** beim **Lake Huron**. |
| Okanagan | Tal in **BC**, bekannt für sein trockenheißes Sommerklima. Viel Obst und Wein werden dort kultiviert. Auch als **dry belt** bekannt. |
| Parliament Hill | Hügel in **Ottawa** auf dem sich das Parlament befindet. |
| Praries | Die Prärien **Manitoba, Saskatchewan** und **Alberta**. |

# Land und Leute

| | |
|---|---|
| Inseln an der Pazifikküste Kanadas; werden wegen ihrer Artenvielfalt auch **Galapagos of Canada** genannt. | Queen Charlotte Islands |
| Gebirgskette an der Grenze zwischen **Alberta** und **British Columbia**. | Rocky Mountains, Rockies |
| Verballhornung des Namens der Provinz **Saskatchewan**. | Saskabush |
| Großer Park im Stadtzentrum von **Vancouver**. | Stanley Park |
| St. Lorenz-Strom, Kanadas Haupt-Wasserverbindung zum Atlantik. | St. Lawrence River |
| Abkürzung für **Toronto**, **Ontario**. | T.O. |
| Kurzname für **Winnipeg**. | the Peg |
| Umgangssprachliche Bezeichnung für **Newfoundland** | the Rock |
| Bis 1841 Bezeichnung für **Ontario**, weil weiter oben am St. Lorenz-Strom. | Upper Canada |

# Land und Leute

| | |
|---|---|
| Vancouver Island | Der Westküste vorgelagerte Insel (32.137 km²), auf der sich **Victoria**, die Haupstadt **BC**s befindet. **Vancouver** selbst liegt nicht auf Vancouver Island. |
| Wet Coast | *nasse Küste* = Die Westküste, Wortspiel mit dem eigentlichen Namen **West Coast**. |
| Winterpeg | Spitzname für **Winnipeg**, mit Anspielung auf's eisige Klima. |
| States | Die USA werden in Kanada nie als **America** bezeichnet, da Kanada ja auch Teil des amerikanischen Kontinents ist. Die USA werden entweder **the US** oder **the States** genannt. |

Unter den ersten Europäern, die den wilden Westen erforschten, waren Französisch sprechende **trappers** und **voyageurs**. Dank dieser Pioniere wurde die Sprache **Québecs** und Frankreichs bis weit in den Westen und Norden getragen. Dieses frühe frankophone Erbgut ist heute noch in vielen französisch klingenden Ortsnamen im ganzen Land erhalten geblieben: **Sault Ste. Marie (Ontario), Portage la Prairie (Manitoba), Montmartre (Saskatchewan), Grande Prairie (Alberta), Port aux Basques (Newfoundland)**, …

**Vancouver, Toronto** und **Montreal** sind die drei größten und wichtigsten Städte des Landes. Zwischen diesen drei Metropolen gibt es einige nicht allzu ernst gemeinte Rivalitäten. Toronto, die größte Stadt Kanadas, ist die Business- und Finanzstadt, was ihr einen etwas

# Land und Leute

engstirnigen Ruf einbringt. Vancouver ist eher für eine entspanntere, freizeitorientiertere Lebensweise bekannt. Dort ist dann allerdings der sprichwörtliche Regen nicht jedermanns Sache:

**In Vancouver you don't tan, you rust!**
In Vancouver bräunt man sich nicht, man rostet.

In Kanada wird Multikulti sehr groß geschrieben, d. h. das Land definiert sich selber als **multicultural society**. Die spezielle Einwanderungspolitik hat zur Folge, dass auch heute noch viele verschiedene Sprachen in Kanada gesprochen werden. Die Pflege von Minderheitsreligionen, -sprachen und -traditionen wird unterstützt. Diese Einflüsse darf man bei der Betrachtung der englischen Sprache in Kanada nicht außer Acht lassen. Die

# Land und Leute

*Eines der Hauptmerkmale Torontos ist seine Aufteilung in die vielen ethnischen Viertel: griechische, portugiesische, polnische, karibische, indische, chinesische, ...*

neuesten Einwanderer stammen vorwiegend aus dem asiatischen Raum, so dass in den großen Städten wie Vancouver und Toronto sehr große chinesische, aber auch koreanische, vietnamesische und thailändische Kolonien zu finden sind.

In dieser Kulturvielfalt werden manchmal gewisse Bevölkerungsschichten „gerechter" als andere behandelt. Die gleiche Behandlung aller kanadischer Bürger stellt für den Staat eine wichtige Aufgabe dar. Der Ausdruck **political correctness** ist sehr populär und bedeutet eine von Vorurteilen möglichst befreite Sprache und Einstellung gegenüber allen Bevölkerungsschichten. Die „politische Korrektheit" wird hauptsächlich im Zusammenhang mit Homosexuellen, Eingeborenen, **visible minorities** *(andersrassige Minderheiten)* und Frauen zu einem Thema. Die Bemühungen, eine möglichst tolerante Bevölkerung zu kreieren, ist ein lobenswertes Unterfangen, das aber auf viele Hindernisse stößt. Hier sind ein paar nicht ganz wertfreie Begriffe:

| | |
|---|---|
| Anglo | englischsprechender Kanadier |
| Canuck | Kanadier |
| Frog/Quebecer | Abfällig für Frankokanadier |
| Newfie | Neufundländer werden gern verulkt wie bei uns die Ostfriesen oder Berner. |
| pepper, pepsi | abfällig für Frankokanadier |
| Scarberian | Einwohner von Scarborough, ein Vorort von Toronto |
| white trash | *weißer Müll* weiße Arbeiterschicht |

# Regionale Besonderheiten

## Regionale Besonderheiten

Die nun folgenden Wörterlisten sind regionenspezifisch. Wie bereits erwähnt, unterscheidet sich die Sprache der verschiedenen Landesteile nicht in erster Linie durch Akzente, sondern eher durch das tägliche Vokabular. Die hier aufgeführte Liste soll nur als Illustration dienen und ist keineswegs vollständig.

An der Westküste entstand zu Anfang des Jahrhunderts aus dem Englischen und den Indianersprachen eine Art Pidginsprache, die vor allem zu Handelszwecken benutzt wurde. Dieser **Chinook Jargon** wurde damals von über 100.000 Leuten gesprochen. Gewisse Elemente aus dieser Pidginsprache sind auch heute noch in **BC** anzutreffen.

**beachcomber** — *Strandkämmer* marschieren den Strand nach Treibgut ab und bringen ursprünglich verlorengegangene Baumstämme zu den Forstunternehmen zurück.
**to boom** — Gefällte Baumstämme auf dem Fluss sammeln; später werden sie von **boom boats** den Fluss hinunter zu den Sägereien geschleppt.
**bucking contest** — Eine Disziplin in den **loggers' sports** *(Baumfäller-Wettkämpfe)*.
**Cadborosaurus** — Mythologisches Seeungeheuer, das in **Victoria** gesichtet worden sein soll, ähnelt Nessie.

*Die kanadische Fernsehstation* CBC *hatte in den 70ern eine populäre Serie mit dem Namen* Beachcombers.

# Regionale Besonderheiten

| | |
|---|---|
| chuck | Bezeichnung für Wasser oder Meer **(saltchuck)**, aus dem **Chinook Jargon**. Typisch für **BC**. **Chuck** bedeutet in den Prärien Nahrungsmittel. |
| high rigger | Spezieller Job beim Holzfällen: derjenige, der hoch in die Bäume klettert, um das Seil zu befestigen. |
| logger | Holzfäller; von **to log**, Bäume fällen |
| longhouse | Häuser der Indianer an der Pazifikküste. |
| lumberjack | Holzfäller, **lumber** bedeutet zersägtes Holz. |
| Ogopogo | Fabelkreatur aus dem **Lake Okanagan, BC** (eine Seeschlange). |
| potlatch | Feier eines Ereignisses, zu dem der Gastgeber seinen Gästen extravagante Geschenke macht und sie so für sich einnehmen möchte. |
| Sasquatch | *haariger Mann* Legendärer Schneemensch, der in den Wäldern der Pazifikregion beheimatet ist. |

Surrey *ist der Vorort der Arbeiterschicht von* Vancouver *und hat einen* white trash-*Ruf.*

# Regionale Besonderheiten

| | |
|---|---|
| Jiddische Beleidigung; wird vor allem im Osten benutzt. In **BC** bedeutet das Wort auch schlagen. | schmuck |
| Wettkampf, in dem in vorgegebener Zeit ein Schaf geschoren wird und danach aus der Wolle ein Schal gemacht werden muss. | sheep to shawl |
| Hoher Baum, der im Zentrum der Baumfällzone steht und an dem mehrere Kabel befestigt sind, an denen man die gefällten Bäume herschleppt. | spar tree |

Die Bewohner der Prärien befassen sich weniger mit dem Fällen von Bäumen oder dem Meer. Ihre Sprache konzentriert sich auf ihre Farmeraktivitäten:

| | |
|---|---|
| Russische Sekte, die von Russland zuerst nach **Saskatchewan** und dann nach **BC** auswanderte bzw. weiterreiste. | Doukhobors |
| Getreideturm in den Prärien, wird oft als Symbol für die Prärien verwendet. | elevator |
| *Bauernbräune* Sonnenbräune an Armen, Hals und Gesicht bis in die Mitte der Stirn. | farmer's tan |
| Mitglieder von radikalen, reformierten christlichen Gruppen aus der Schweiz, den Niederlanden, Preußen und Russland. | Mennonites |
| Wird in Kanada mit Betonung auf der ersten Silbe ausgesprochen, während in den USA die zweite Silbe betont wird. | rodeo |
| Korn in einem Haufen zusammenstellen, wird anstelle von **shock wheat** (in den USA geläufig) verwendet. | to stook wheat |

# Regionale Besonderheiten

Im Leben an der Ostküste, also in **Newfoundland**, dreht sich alles mehr um die Fischerei.

*Wer sich für das Leben in den* Maritimes *zu Beginn des 20. Jh. interessiert, sollte unbedingt den Kinderroman* Anne of Green Gables *von Lucy Maud Montgomery lesen. Dieser Klassiker der kanadischen Literatur spielt sich auf* Prince Edward Island *ab.*

> **fleur de lys** — Provinzblume und Symbol für **Québec** *(lat.: lilium candidum)*
> **joual** — französische Umgangssprache in **Québec** und **New Brunswick**
> **livier** — Einheimischer von **Newfoundland**.
> **Newfie time** — Wer nach **Newfie time** lebt, ist immer langsam. Neufundland hat eine eigene Zeitzone, die um eine halbe Stunde versetzt ist:
> **NDT** — **Newfoundland Daylight Time**
> **quat in the woods** — Sein Geschäft erledigt man in **Newfoundland** schon mal in der freien Natur.
> **vamps** — Bis zu den Knöcheln reichende lange Unterhosen aus Wolle, die man in **Newfoundland** trägt.
> **voyageurs** — Frankokanadische „Handelsreisende", die bis in den Westen des Landes vordrangen.

Hier sind zwei sehr typische Sprichwörter aus **Newfoundland**, das sowieso wegen seines speziellen Englischs eine sprachliche Sonderstellung innerhalb Kanadas einnimmt:

**Oh me nerves you got me drove!**
*oh meine Nerven du gehst mich fahrend*
Oh mein Gott, du treibst mich zum Wahnsinn!

## Regionale Besonderheiten

**Stay where you're to till I come where you're at.**

*bleibe wo du'bist bis zu ich komme wo du'bist da*
Bleib hier bis ich (zurück)komme.

Hier ist noch eine kleine Parodie des Neufundländer Akzents; eine Konversation zwischen zwei neufundländischen Entenjägern:

Them are ducks!
Them are not ducks!
Oh yes, they are,
see the itty, bitty wings?
Well, I'll be fucked,
them are ducks!

# Regionale Besonderheiten

Das bedeutendste Wahrzeichen Kanadas ist zweifelsohne das Ahornblatt. Dieses Emblem wird so oft wie und wo überhaupt nur möglich angebracht. Es dient nicht nur als Identifikation für Kanadier, die im Ausland reisen, es kann auch im Mutterland an jeder Ecke gesichtet werden. Viele kanadische Firmen plazieren das Ahornblatt geschickt in ihren Firmenlogos. Andere beliebte Symbole sind der Biber, die Kanadagans und die rotgekleidete, berittene Polizei der Königin:

*Die golden arches, die geschwungenen, gelben „M" von McDonald's sind mit dem Ahornblatt versehen.*

> **beaver** — Biber *(lat.: castor canadensis)*, eine kanadische Ikone ähnlich omnipräsent wie das Ahornblatt
> **Canada goose** — Kanadagans *(lat.: branta canadensis)*, typischer kanadischer Vogel
> **maple leaf** — Ahornblatt, kanadisches Emblem Nr. 1; die meistverbreiteten Ahornbäume in Kanada sind der **sugar maple** und der **Manitoba maple**.
> **Mountie** — Polizist in der **RCMP**
> **Queen's cowboys** — Bezeichnung für **RCMP** Polizisten

## Abkürzungen und Maßeinheiten

Kanadier verwenden gerne viel und oft Abkürzungen. Die folgende Liste gibt einige der gebräuchlichsten an. Weitere sind in den entsprechenden Kapiteln aufgelistet:

## Regionale Besonderheiten

**— CAA: Canadian Automobile Association**
kanadischer Automobilklub
**— CBC: Canadian Broadcasting Corporation**
staatliches kanadisches Fernsehen
**— CNE: Canadian National Exhibition, the Ex**
Messe, die jährlich Ende August in **Toronto** stattfindet. Das Hauptportal der **CNE** ist auf dem 1994er **Loonie** abgebildet.
**— CSIS: Canadian Security Intelligence Service**
kanadischer Geheimdienst; das Pendant zum amerikanischen CIA
**— GST: General Sales Tax**
die Mehrwertsteuer
**— Ltd: Limited**
AG (in den USA wird Inc. benutzt)
**— PNE: Pacific National Exhibition**
Messe, die in **Vancouver** jährlich im August stattfindet
**— PST: Provincial Sales Tax**
Mehrwertsteuer in den Provinzen
**— RCMP: Royal Canadian Mounted Police**
Königlich berittene Polizei
**— TSE: Toronto Stock Exchange**
Börse von Toronto
**— VSE: Vancouver Stock Exchange**
Börse von Vancouver

Kanada hat seine Maßeinheiten erst in den 70er Jahren auf die metrischen umgestellt. Deshalb werden in vielen Situationen immer noch die alten, englischen Maßeinheiten benutzt. Wenn man nach der Größe und dem

# Regionale Besonderheiten

Gewicht einer Person fragt, erhält man die Antwort fast immer noch in Fuß und Pfund. Kilometerangaben haben sich jedoch ziemlich gut durchgesetzt, obwohl Meilen im Volksmund immer noch gern als Entfernungsangaben verwendet werden. Benzin wird aber konsequent in Litern (und nicht in Gallonen) verkauft. Temperaturangaben in Fahrenheit gibt es kaum noch.

| | | |
|---|---|---|
| **foot, feet** | Fuß | 30,58 cm |
| **inches** | der Zoll | 2,54 cm |
| **mile** | die Meile | 1,609 km |
| **pound** | das Pfund | 453 g |
| **yard** | das Yard | 0,914 m |

### Kanadische Feiertage

| | |
|---|---|
| Boxing Day | Erster Werktag nach Weihnachten; alle Läden haben Sonderangebote! |
| Canada Day | Nationalfeiertag am 1. Juli; hieß früher **Dominion Day** |
| Halloween/ All Hallows' Eve | 31. Oktober: Kinder verkleiden sich, gehen mit großen, selbstgeschnitzten Kürbissen **(pumpkins)** von Haus zu Haus und bekommen dort Süßigkeiten geschenkt. |
| Labour Day | Tag der Arbeit, 1. Montag im September |
| St. Jean Baptiste | Québecs Nationalfeiertag, 24. Juni |
| Thanksgiving | Erntedankfest, 2. Montag im Oktober |
| Victoria Day | Feiertag zu Ehren von Königin Victorias Geburtstag, 24. Mai (oder Montag davor) |
| X-mas | Kürzel für Weihnachten |

# Flora und Fauna

**Kanada** besitzt einen immensen Reichtum an Tier- und Pflanzenarten. Die verschiedenen klimatischen und topographischen Bedingungen, von der arktischen Tundra über die Prärien, Gebirge, Wälder und Küstenregionen, haben eine großartige Artenvielfalt erzeugt. Die meisten Kanadier sind Stadtbewohner, aber sie sind sich dennoch der natürlichen Schätze ihres Landes bewusst. Wenn auch nur irgend möglich, verlassen die Kanadier die Städte und fahren in die Wildnis; im Sommer zählen Campen und Fischen sicherlich zu den beliebtesten **outdoor**-Aktivitäten. Tausende von Seen laden zu Kanutouren ein, auf denen man kaum auf einen anderen Menschen trifft.

# Flora und Fauna

Die naturnahen Hobbys beschränken sich aber nicht nur auf die wärmeren Monate. Auch im Winter bei sehr kalten Temperaturen, wagen sich die **Canucks** noch hinaus und gehen Langlaufen, fahren Ski, laufen Eis oder fahren Schneemobil. Wie wichtig den Kanadiern die Natur ist wird auch dadurch deutlich, dass jede Provinz und jedes Territorium eine Emblemblume im offiziellen Teil ihres Wappens trägt (die jeweilige Provinz steht nach der Übersetzung):

| lat. | Name | Übersetzung |
|---|---|---|
| *lat.: cornus nuttallii* | **BC flower/BC Pacific Dogwood** | Hartriegel, **BC** |
| | **fireweed** | Weidenröschen, **Yukon** |
| *lat.: lilium candidum* | **fleur de lys** | Bourbonenlilie, Symbol für **Québec** |
| | **lady's slipper** | Frauenschuh, **PEI** |
| | **mayflower** | blüht im Mai, wächst in **Nova Scotia** |
| *lat.: dryas octopetala* | **mountain avens** | Silberwurz, **Northwest Territories** |
| | **pitcher plant** | Krugpflanze, wächst in **Newfoundland** |
| *lat.: pulsotilla ludoviciana* | **prairie crocus** | Anemone, findet man in **Manitoba** |
| | **purple violet** | Veilchen, **New Brunswick** |
| | **western red lily** | Rote Lilie, findet man in **Saskatchewan** |
| *lat.: trillium grandiflorum* | **white trillium** | Dreiblatt, wächst in **Ontario** |
| *lat.: rosa carolina* | **wild rose/ prickly rose** | Wilde Rose, **Alberta** |

# Flora und Fauna

Die Pflanzenwelt wirft aber nicht nur für repräsentative Zwecke erstklassige Vertreter ab. Außer dem allseits bekannten **maple syrup** *(Ahornsirup)*, wandern noch viele andere Pflanzen in kanadische Kochtöpfe. Die folgende Liste enthält in erster Linie die beliebtesten wilden Beeren, die vor allem für Soßen und Marmeladen verwendet werden.

| | |
|---|---|
| Blaubeeren, aus der *Vaccinium*-Familie | blueberry |
| Rote Beere, wird auch **soopolallie** genannt, *lat.: shepherdia candanesis.* | Buffalo berry |
| Preiselbeeren, *Oxycoccus*-Familie; wird für Gelees und Soßen benutzt | cranberry |
| Essbarer Farn, wächst in **Nova Scotia** und **New Brunswick**; gilt als echte Delikatesse. *lat.: mattheuccia struthiopteris* | fiddle head |
| Saure gelb-grüne oder rot-violette Stachelbeere, wird für Gelees und Soßen benutzt; *Grossularia*-Familie. | gooseberry |
| Orangefarbene Himbeeren, *lat.: rubus spectabilis.* | salmonberry |
| Süße, lila Beeren, *lat.: amelanchier alnifolia.* **Saskatoon** ist auch der Name einer Stadt in **Saskatchewan**. | saskatoons |

Wenn man sich die Namen vieler in Kanada beheimateter Tiere etwas genauer anschaut, kann man wieder den indianischen Einfluss auf die Sprache der europäischen Kolonialisten entdecken. Viele der kleineren Tiere können durchaus in den Städten gesichtet werden. Die Mehrheit aber hält sich in den noch einiger-

# Flora und Fauna

maßen unberührten Gebieten des Landes auf. Für den Besucher stellen die National- und Provinzparks die beste Möglichkeit dar, diese Tiere „live" zu erleben. Die Parks sind meist mit dem Wagen einfach erreichbar und bieten ausgezeichnete Wanderwege und Campinginfrastrukturen. Wer im Zelt übernachten will, sollte aufpassen: Denn es kann gut sein, dass man eines Nachts vom Parkpersonal wegen Bärenalarm aus dem Schlaf gerissen wird!

| | |
|---|---|
| arctic fox | Arktischer Fuchs, *lat.: alopex lagopus*; wird wegen seines Fells gejagt, das im Sommer blau-grau/braun und im Winter weiß ist. |
| buffalo/bison | Büffel der nordamerikanischen Prärien *lat.: bison bison*; vor der Ankunft des weißen Mannes noch reichlich vorhanden, jetzt ein geschütztes Tier. |
| caribou | Kanadisches Rentier, *lat.: rangifer tarandus*, aus der **Algonquin**-Sprache ins Englische übernommen. |
| chipmunk | Gestreiftes Eichhörnchen, *lat.: eutamias minimus*; ein Wort aus der **Algonquin**-Sprache. |
| cougar | Nordamerikanischer Puma, *lat.: felis concolor*. |
| coyote | Präriewolf, *lat.: canis latrans*. Der Name stammt aus der Indianersprache **Nahuatl**. |
| gopher | Eine Art Erdhörnchen, *lat.: spermophilus richardsonii*. |
| grizzly bear | Bär, *lat.: ursus arctos horribilis*, im Westen und den Territorien **NWT** & **Yukon** beheimatet. |
| killer whale/orca | Killerwal, *lat.: orcinus orca*, kann an der Westküste Kanadas gesichtet werden. |
| moose | Kanadischer Elch, *lat.: alces alces*. |

# Flora und Fauna

| | |
|---|---|
| Moschusochse, *lat.: ovibus moschatus*, im nördlichen Kanada, Alaska und Grönland beheimatet. | muskox |
| große Wasserratte, *lat.: ondatra zibethica*, mit Schwimmhäuten an den Hinterfüßen. | muskrat |
| Halbwilde Pferdeart im Westen. | mustang |
| Eisbär, *lat.: ursus maritimus*, in **Yukon, NWT, Manitoba, Ontario** und **Québec** anzutreffen. | polar bear |

| | |
|---|---|
| Stachelschwein, *lat.: erethizon dorsatum*, weitverbreitetes Nagetier. | porcupine |
| Murmeltier, *Cynomys*-Familie. | prairie dog |
| Waschbär, *lat.: procyon lotor*, wird in allen Regionen Kanadas angetroffen. | raccoon |
| Murmeltiere der westlichen Berge, *lat.: marmota caligata*. Den Name erhielt es von den Französisch sprechenden **voyageurs**. Auf Englisch auch **whistler** genannt. | siffleur |
| Stinktier, *lat.: mephitis mephitis*. | skunk |
| Dieses Eichhörnchen ist in allen Parks der großen Städte zu Dutzenden anzutreffen, *Sciuridae*-Familie. | squirrel |

# Flora und Fauna

*Mit passender Kleidung und Anti-Mückenspray, kann man sich gegen Mosquitos schützen.*

Ein Problem, das den Naturliebhabern in Kanada etwas auf den Wecker gehen könnte, ist die **fly season**. In vielen Gegenden kann man sich im Sommer nicht einfach leicht bekleidet in den Busch wagen. Während einer gewissen Zeit im Sommer sind die **mosquitoes** (Stechmücken) ziemlich unausstehlich. Hier sind noch mehr lästige Viecher:

| | |
|---|---|
| bulldog | Riesenstechfliege, so groß wie eine Biene **(bumble bee)**. Sehr schmerzhafter Stich! |
| horseflies | Stechfliege aus der *Tabanidae*-Familie. |
| snowtick | Unsichtbares Schneeinsekt. |

Angeln ist eine Freizeitbeschäftigung, die die Kanadier aus allen Regionen in gleicher Weise begeistert. Favorit ist immer noch der Lachs. Ob der atlantische oder pazifische Lachs **(atlantic vs pacific salmon)** besser schmeckt, ist subjektiv. Aber Lachs ist natürlich nicht das Einzige, was geangelt wird: **bass** oder **pickerel** sind weitere beliebte Süßwasserfische. Die folgenden drei Lachsarten werden im kanadischen Westen gefischt:

| | |
|---|---|
| Kokanee | Eine Lachsart **(sockeye salmon)** in den Seen in **BC**. Eine Biermarke heißt auch **Kokanee**. |
| sockeye | Bekannteste Lachsart der Westküste, *lat.: oncorhynchus nerka*. Der Name stammt vom **Salish**-Wort **suk-kegh** (roter Fisch). |
| spring | Größte Lachsart, *lat.: oncorhynchus tschawytscha* an der Westküste |

# Flora und Fauna

Schließlich ist Kanada auch für Ornithologen ein Schlaraffenland. Mit einem guten Feldstecher ausgerüstet, kann man eine Fülle von Vogelarten beobachten. Man muss nur aufpassen, dass der genau zielende **shithawk** *(Scheißfalke = Möwe)* einem nicht den Spaß verdirbt. Hier einige kanadische Vogelarten:

| | |
|---|---|
| Emblemvogel British Columbias, **Steller's Jay**, *lat.: cyanocitta stelleri*. | BC bird |
| Mit der Wanderdrossel verwandter bläulicher Singvogel, *lat.: sialia sialis*. | bluebird |
| Häher, *lat.: cyanocitta cristata*, ist im Süden Kanadas und den USA beheimatet. | bluejay |
| Arktisches Rauhfußhuhn, *lat.: lagopus*. | ptarmigan |
| Kleiner, arktischer Singvogel, *lat.: plectrophenax nivalis*, verbringt den Winter im Süden Kanadas. | snowbirds |

Das beliebteste Transportmittel in der kanadischen Natur ist das Kanu. Es gibt Touren die mehrere Tage dauern, auf denen man von See zu See paddelt und zwischendurch schon mal einen **portage** *(Spaziergang)* mit dem Kanu auf dem Rücken zum nächsten Wasserlauf unternehmen muss. Auf diesen Seeausflügen kann es gut sein, dass man mal auf **loonshit** trifft, kleine schwimmende Inseln aus organischer Materie. Dieser **loonshit** *(Taucherscheiße)* liegt auch in den Wäldern und Sümpfen herum, zum großen Ärger der Jäger die versehentlich dort hineinstapfen.

## Das Wetter

## Das Wetter

In Kanada hört man oft, dass es nur zwei Jahreszeiten geben soll: **Winter and getting ready for winter**. Natürlich ist das kanadische Klima in erster Linie vom langen und kalten Winter geprägt; es ist aber nicht wahr, dass es nie warm wird, und dass alle Kanadier in Iglus wohnen. Die Temperaturextreme des kontinentalen Klimas liegen halt sehr viel weiter auseinander als im klimatisch gemäßigten Westeuropa. In den Prärien kann das Thermometer ohne weiteres im Winter eine gehörige Zeit lang bei 40°C verweilen, während er in den sommerlichen **heat waves** dann bei +40°C anzutreffen ist. Selbst in Toronto, das auf demselben Breitengrad wie Florenz liegt, fallen die Temperaturen regelmäßig auf -20 bis -25°C.

# Das Wetter

Während im kanadischen Englisch nicht ganz so viele Ausdrücke für Schnee existieren wie in der Inuitsprache, so haben doch die meisten wetterbezogenen Redewendungen irgendwie mit dem Winter zu tun. Das Leben der Kanadier wird zwar durch die Unannehmlichkeiten der kalten Jahreszeit erschwert, aber die täglichen Geschäfte gehen trotz Minustemperaturen und schweren Schneefällen unaufhaltsam ihren Gang. Die Kanadier wissen sich gegen die Kälte zu schützen und sind durch kleine Schneestürme nicht aus der Ruhe zu bringen.

| | | |
|---|---|---|
| **black blizzard** | Staubsturm in den Prärien | *schwarzer Sturm* |
| **black ice** | Glatteis | *schwarzes Eis* |
| **blizzard** | schwerer Schneesturm | |
| **crow storm** | letzter Aufschrei des Winters im Frühling, ein Schneesturm im Mai | |
| **frost bite** | Kuhnagel, Frostbeule, leichte Erfrierung | *Frostbiss* |
| **Indian summer** | sonniger, warmer Herbst, vor dem Wintereinbruch | |
| **northern lights** | Polarlichter | |
| **sleet** | Schneeregen | |
| **slush** | Schneematsch | |

**It's colder than a witch's tit / than a ditch digger's arse**
*es-ist kälter als eine Hexentitte /als ein Totengräbers Arsch*

# Sport

In Nordamerika hat der Sport eine doppelte gesellschaftliche Bedeutung. Einerseits ist er für viele Leute körperliche Betätigung und andererseits bedeutet Sport auch Unterhaltung. Es gibt in Nordamerika vier Hauptprofi-sportarten, die alle aufmerksam am kleinen Bildschirm mitverfolgt werden. Diese vier Disziplinen Eishockey, Baseball, Football und Basketball erfreuen sich auch in Kanada großer Beliebtheit. Im Hockey und Baseball spielen kanadische Mannschaften in denselben Ligen wie die US-amerikanischen Mannschaften. Ebenso beim Basketball. Erstmals haben in der Spielzeit 95/96 zwei kanadische Teams die US-amerikanische Liga vervollständigt. Im Football allerdings unterhält man eine eigene professionelle Liga.

Obgleich die **Toronto Blue Jays** Mitte der neunziger Jahre zweimal hintereinander die **World Series** (nordamerikanische Baseballmeisterschaft) als erste kanadische Mannschaft überhaupt gewonnen haben, ist und bleibt Eishockey die Sportart Nummer eins in Kanada. Der jährliche Kampf um den **Stanley Cup** ist einer der wenigen Aspekte des kanadischen Alltags, der sowohl von den Franko- wie auch von den Anglokanadiern gleichermaßen religiös verfolgt wird. Diese Meisterschaft ist lang und hart und beschäftigt die Kanadier von September bis Juni. Die **NHL (National**

*Die Anfangsmelodie der* **CBC**-*Sendung* **Hockey Night in Canada** *("La soirée du hockey") wird jedem Kind schon an der Wiege vorgesungen und kann durchaus als zweite Nationalhymne betrachtet werden!*

# Sport

**Hockey League)** ist eine der ältesten Profisportligen in Nordamerika. Von den ursprünglichen Teams sind heute noch sechs Vereine dabei, darunter die **Toronto Maple Leafs** und die **Montreal Canadiens**. Einige dieser Mannschaften haben auch Spitznamen: Einer der bekanntesten ist sicherlich **Habs** für die **Montreal Canadiens,** dem Rekordgewinner des Stanley Cups.

*Heute spielen acht kanadische Vereine in der Liga, aber selbst bei den vielen Vereinen südlich des 49. Breitengrades ist die große Mehrheit der Spieler kanadischer Herkunft.*

Ein interessantes Phänomen ist das Sammeln von Hockeykarten. Es gibt mehrere **sport memorabilia** Läden, wo die **rookie cards** *(Karte aus der ersten Saison)* von Wayne Gretzky oder Mario Lemieux zu astronomischen Preisen gehandelt werden. Die Karten sind zu einem wahren Spekulationsobjekt geworden und werden von Sammlern zum Teil eingerahmt oder in Safes aufbewahrt!

Viele Hockeyspieler haben Idolstatus erlangt. Der bekannteste Spieler ist zweifelsohne **The Great One**, nämlich Wayne Gretzky. Aber auch die Verehrung von Spielern wie **Rocket Richard** (Maurice Richard) aus den 60er Jahren belegt, dass Hockeyspieler schon zu früheren Zeiten, als sie noch nicht Millionen verdienten, vergöttert wurden.

Hockey wird nicht nur passiv am Fernseher leidenschaftlich verfolgt, sondern auch überall aktiv gespielt. Es gibt im ganzen Land unzählige Eishallen, offene Eisbahnen, zugefrorene Seen und verschneite Straßen, wo man sich unter Kumpeln zu einer Partie **shinny** treffen kann. Eishockey ist in der ka-

# Sport

nadischen Sprache natürlich tief verwurzelt, so dass der gängige Hockeyjargon von Allen verstanden wird. Hier erst einmal alle Ausdrücke für den Puck:

| | |
|---|---|
| **puck** | Puck |
| **biscuit** | *Keks* |
| **bone pill** | *Knochenpille* |
| **button** | *Knopf* |

Und hier all die Ausdrücke, die direkt mit Spieltaktiken und den Spielern zusammenhängen:

| | |
|---|---|
| deke out | einen Gegenspieler austricksen |
| donut line | Hockeysturmlinie bei der nur die Flügel etwas taugen, wie bei einem **donut** *(Krapfen)* |
| hat trick | drei Tore im selben Spiel schießen, worauf die Zuschauer ihre Hüte auf's Eis werfen |
| helicopter line | Hockeysturmlinie bei der nur der Mittelstürmer etwas taugt |
| lumber | Hockeystock |
| net | Hockeytor *(Netz)* |
| pipes | Hockeytor *(Röhren)* |
| red light | schlechter Hockey-**goalie**, weil das rote Licht hinter dem Tor immer angemacht wird, wenn ein Tor fällt |
| sieve | schlechter Torwart *(Sieb)* |
| slap shot | Schlagschuss im Hockey |
| stick | Hockeystock |
| stone / cement hands | schlechter Stürmer *(Stein/Zementhände)* |
| undress | Gegenspieler ausmanövrieren *(ausziehen)* |

# Sport

**He has a sunburn on the back of his neck from the red light going on so often.**
*er hat einen Sonnenbrand auf der Rückseite von seinem Hals von dem Rotlicht, angehend so oft*
In seinem Tor geht es zu wie bei einem Schweizer Käse.

**upstairs where they keep the peanut butter**
*oben, wo sie die aufbewahren die Ernussbutter*
Der obere Teil des Torgehäuses.

**fake him out of his jockstraps**
*schmeiss ihn raus aus seinem Tiefschutz*
Den Gegenspieler nach Strich und Faden versetzen.

# Sport

Die nächste Aufzählung enthält Ausdrücke die sonst irgendwie mit Eishockey in Zusammenhang stehen.

| | |
|---|---|
| ball hockey | Straßenhockey mit (Tennis)ball |
| broomball | Spiel auf dem Eis mit speziellen Schuhen; gleicht Hockey; man versucht mit einem Besen einen Volleyball ins Tor zu schießen. |
| inmate | Schiedsrichter im Hockey *(Häftling)* |
| jock | Tiefschutz für Hockey- und Baseballspieler. Abkürzung für **jockstrap** |
| puck bunny | Puckhäschen, Freundin des Hockeyspielers |
| shinny | Hockey zum Plausch, auf der Straße oder offenen Eisfeldern |
| stripes | Schiedsrichter im Hockey *(Streifen)* |
| three blind mice | Schiedsrichter *(drei blinde Mäuse)* |
| Zamboni | Eisreinigungsmaschine |
| zebra | Schiedsrichter |

**Baseball** erlebte in den letzten Jahren in Kanada dank den **Toronto Blue Jays** ein Hoch. Sie haben als erste nicht in den USA ansässige Mannschaft die Meisterschaft gewonnen — und das gleich zweimal hintereinander. Auch die **Montreal Expos** sind eine ernst zu nehmende Baseballmannschaft. Obwohl kaum ein kanadischer Spieler für die beiden „kanadischen" Vereine spielt, konnte sich die ganze Nation mit Toronto freuen als die **Blue Jays** die **World Series** gewannen. Baseball ist eigentlich ein „Action armes" aber dafür umso taktischeres Spiel. Es hat sich eine ganz eigene und reichhaltige Sprache um diese Sport-

# Sport

art entwickelt. Viele der Ausdrücke die aus dem Baseball stammen, werden nun ganz unabhängig von ihrer sportlichen Herkunft gebraucht. Die hier angeführte Liste enthält Vokablen und Redewendungen, die sich auf das Baseballpiel selbst beziehen.

| | |
|---|---|
| **homerun**, einen Ball aus dem Feld schlagen | big adios |
| ein vom **pitcher** geworfenen **curveball** | chesse/dipper/spinner |
| bestimmter Wurf beim Baseball (wird bis zu 160 km/h schnell) | fastball |
| **homerun**, man berührt alle 4 Basispunkte in einem Lauf | four bagger |
| **grand slam**, ein 4 Punkte **homerun** | grand salami |
| Ausruf wenn es einen **homerun** gibt | outa here! |
| Ausdrücke für einen **fastball** | pepper, heat, smoke |
| **homerun** im Baseball *(Rundreisender)* | round tripper |
| beim Baseball Jemanden „auswerfen" | strike out |

**Strike out** und **homerun** sind zwei Beispiele für Baseballausdrücke, die sich in die Alltagssprache geschlichen haben. Hat Jemand eine große Chance verpasst, wird oft gesagt, dass Jemand ein **strike out** gemacht hat, also eine Gelegenheit nicht nutzen konnte. Im Gegensatz dazu steht der **homerun**, wenn man das Beste aus einer Situation macht.

In Kanada wird eine sehr ähnliche Art **football** gespielt, wie in den USA. Für den Europäer werden die minimalen Regelunterschiede zur US-amerikanischen Variante kaum ersichtlich sein. Es gibt in Kanada eine eigene Profiliga, die **CFL (Canadian Football**

# Sport

League). Der Sieger der Meisterschaft gewinnt jeweils den **Grey Cup**. Das Spielfeld wird wegen der gitterartigen Linien auch **grid iron** genannt, während der ovale Ball der **pigskin** *(Schweinsgesicht)* genannt wird.

**Lacrosse** ist ein Spiel, das die Einwanderer von den Indianern übernommen haben; es wird als die ursprüngliche kanadische Sportart bezeichnet. Die Spieler versuchen einen Hartgummiball mit einem gekrümmten, mit einem kleinen Netz bespanntem Stock ins gegnerische Tor zu schleudern. Diese Sportart wird heute noch im Osten Kanadas gespielt und an einigen **colleges** im US-amerikanischen Neu England. Diese Sportart gilt als ziemlich hart und das Verletzungsrisiko ist ziemlich hoch.

# Andere Freizeitaktivitäten

## Andere Freizeitaktivitäten

**K**limabedingt nehmen Wintersportarten einen wichtigen Platz im Leben der Kanadier ein. Beinahe jeder See friert im Winter zu, so dass für mehrere Aktivitäten tolle Spielplätze entstehen. Da kann man Schlittschuhlaufen, Angeln oder gar mit dem **snowmobile** auf der riesigen gefrorenen Eisfläche herumrasen. Die Kanadier sind an sehr tiefe Temperaturen gewöhnt und wissen sich dementsprechend zu kleiden. Man trifft selbst bei -20°C und kälter noch Menschen draußen im Freien an, mit Langlaufskis oder **snowshoes**. In den Rockies werden auch die alpinen Sportarten mit großer Leidenschaft betrieben.

| | |
|---|---|
| „Rollschuh fahren"; die Rollen sind in einer Linie, nicht mehr zweireihig | blading/inline skating |
| sich an der Stoßstange eines Busses oder Autos festhalten und sich so auf der glatten Straße abschleppen lassen | bumper shining |
| Langlaufen | cross(X)-country skiing |
| Curling ist eine der Hauptsportarten im kanadischen Westen | curling |
| Sturz aufs Gesicht | face plant |
| mit dem Helikopter in den Bergen zum Skifahren abgesetzt werden (statt Skilift), in den **Rockies** sehr populär | heli-skiing |
| Eisfischen | ice fishing |
| Abdruck eines Skifahrers, der auf den Hintern fällt | sitzmark |

# Politik

| | |
|---|---|
| skidoo | Schneemobil |
| snow cat | Pistenfahrzeug in den Skigebieten, von **caterpillar** |
| snowangel | Abdruck der entsteht, wenn man sich im Schnee auf den Rücken legt, Arme und Beine auf- und abschwingt *(Schneeengel)*. |
| snowmobile | Schneemobil |
| snowshoes | Mit Tierdärmen bespannter Holzrahmen, den man an die Füße schnallt damit man nicht in den Schnee einsinkt; sehen ähnlich aus wie große Tennisschläger. |
| toboggan | Schlitten |

# Politik

**P**olitische Auseinandersetzungen sind in Kanada lebhafte Angelegenheiten. Der Auslöser der Debatten ist in erster Linie die immer wieder drohende Absplitterung von **Québec**. Beim Referendum 1995 wurde mit einer denkbar knappen Mehrheit die drohende Abspaltung des französischsprachenden Teils Kandas verhindert.

Das Pikante dabei ist, dass Québec die kanadische Verfassung nie unterschrieben hat und sich als autonome Gesellschaft innerhalb des Landes versteht. Das Hauptproblem für die Frankokanadier ist sicherlich, britische Untertanen zu sein. Das offizielle Staatsoberhaupt ist nämlich **Queen Elizabeth II**, sie wird in Kanada von einem **Governor General** ver-

## Politik

treten. Das legale System basiert auch auf dem britischen **common law** und der Regierungschef ist der **Prime Minister**. Das sind die wichtigsten Parteien:

| | |
|---|---|
| tritt für die Abspaltung **Québecs** ein | Bloc Québecois |
| **New Democratic Party** | NDP |
| **Parti Québécois** | PQ |
| sehr konservative Partei! | Reform Party |
| Mitglied der **Progressive-Conservative Party** | Conservative |
| Mitglied der **Social Credit Party** | Socred |
| Mitglied der **Liberal Party** | Liberal |

Diese Kürzel werden oft im Zusammenhang mit Regierungsangelegenheiten erwähnt:

| | |
|---|---|
| **Member of the Legislative Assembly** Mitglied der Legislative | MLA |
| **Member of Parliament**, Politiker im **House of Commons** in Ottawa. | MP |
| **Member of Provincial Parliament** Parlamentarier(in) der Provinzregierungen | MPP |

# Schulen

Das Ausbildungssystem in Nordamerika ist etwas anders strukturiert als das uns bekannte westeuropäische Modell. Man geht in die Grundschule **(elementary school)**, danach zur weiterführenden Schule **(high school)**, und wer etwas auf sich hält, auch zur Uni. Es gibt wenig Alternativen zur Universitätsausbildung und gesellschaftlich akzeptiert sind sie auch nicht so richtig. Je nach Notendurchschnitt wird man an einer mehr oder weniger prestigeträchtigen Uni zugelassen. Als **undergraduate student (undergrad)** verbringt man etwa 3-4 Jahre an der Uni, um seinen **bachelor**-Abschluss zu erzielen. Möchte jemand Medizin oder Recht studieren, kann er dies nach dem **bachelor** tun. Ob man auf einer **med school** oder **law school** angenommen wird, hängt vom Notendrurchschnitt und den Ergebnissen bei den standardisierten Tests ab.

Nichtsdestotrotz ist für viele junge Kanadier die Zeit an der Uni eine der schönsten ihres Lebens. Für die meisten jungen Leute bedeutet der Eintritt in eine Uni der Auszug bei den Eltern. Kaum ein Student bleibt während des Studiums bei seinen Eltern wohnen. Viele junge Leute nehmen die Gelegenheit wahr und studieren in einem anderen Teil des Landes. Die schulischen Leistungen leiden oft unter dieser „ersten großen Freiheit". Die ersten Unijahre sind für viele gleichbedeutend mit

*Die Universitätsausbildung in Kanada ist viel wettbewerbsorientierter als bei uns; nicht nur die Studienplätze sondern auch die Stipendien werden in einer Art Wettbewerbssystem (nicht aufgrund finanzieller Notwendigkeit) vergeben.*

# Schulen

einer riesigen Party. Man lernt neue Freunde und eine neue Stadt kennen und wird von niemandem richtig diszipliniert. Was könnte man mehr verlangen?

Allerdings steht man auch unter Druck gute Noten zu erzielen. An jeder Schule gibt es Prüfungswochen in denen alle Studierenden ihre Klausuren schreiben müssen. Die wichtigen Prüfungszeiten finden in der Mitte und am Ende eines Semester statt. Während dieser Zeit sperrt sich Alles in die Bibliotheken und Büffelkammern ein und taucht erst wieder nach dem letzten Test auf.

| | |
|---|---|
| **all nighter** | durchgebüffelte Nacht |
| **cram** | büffeln |
| **final** | Semesterende-Prüfung |
| **keener** | Streber |
| **marks/grades** | Abschlussnoten |
| **mid-term** | Semestermitte-Prüfung |
| **report card** | Schulzeugnis |

*Es gibt die Noten A, B, C, D, …; wobei A+ die beste Note ist.*

Ein weiterer Unterschied zu europäischen Schulen ist die Kombination von Leistungssport und akademischer Ausbildung. Fast alle Universitäten in Nordamerika haben ein sehr gut ausgebildetes Sportprogramm. Neben den Hauptsportarten wie Football, Basketball und Hockey werden in Kanada vor allem auch Amateursportarten (Schwimmen, Leichtathletik) stark subventioniert. Gute sportliche Resultate sind für viele Universitäten entscheidend. Viele gute Athleten werden

# Arbeit

daher aus den **high schools** rekrutiert, ohne dass man speziell auf ihre schulischen Leistungen achtet. So mancher **jock** kämpft daher später mit den erforderten Notendurchschnitten.

Dies sind die bekanntesten englischsprachigen Universitäten in Kanada:

| | |
|---:|:---|
| *Ottawa* | **Carleton University** |
| *Halifax, Nova Scotia* | **Dalhousie** |
| *Montreal* | **MacGill University** |
| *Kingston, Ontario* | **Queen's University** |
| *Kingston, Ontario* | **RMC — Royal Military College** |
| *Burnaby, BC* | **Simon Fraser University** |
| *Vancouver* | **UBC — University of British Columbia** |
| *Edmonton, Alberta* | **University of Alberta** |
| *Winnipeg* | **University of Manitoba** |
| *Toronto* | **UofT — University of Toronto** |
| *London, Ontario* | **University of Western Ontario** |
| *Toronto* | **York University** |

# Arbeit

**W**ie in den meisten westlichen Ländern ist mit 75% der Großteil der arbeitenden Bevölkerung in Kanada im Dienstleistungsbereich tätig, während in der Industrie 14%, der Landwirtschaft 4% und im Baugewerbe 3% angestellt sind. Die Arbeitslosenquote beträgt ungefähr 11%; außer guten Sozialleistungen für die Arbeitslosen gibt es in Kanada auch eine

# Arbeit

für alle kostenlose Krankenkasse. Gewerkschaften sind sehr potente Mitspieler, wenn es um Arbeitsvertragsaushandlungen geht, so dass das Land oft von Streiks geplagt wird. Die Solidarität gegenüber den Streikenden ist im allgemeinen groß, und Streikbrecher werden verpönt und verachtet.

| | |
|---|---|
| *Gehirnzug* = Exodus gut ausgebildeter Kanadier in die USA, wo es besser bezahlte Stellen gibt. | brain drain |
| *braune Tasche* = das Lunch in einer braunen Papiertüte zur Arbeit bringen | brown bag |
| doppelt verdienendes, kinderloses Paar: **double income no kids** | DINK |
| *geben den Stiefel* = jemanden feuern | to give the boot |
| seine Stelle verlieren; gefeuert werden | to be laid off |
| freie Tage, die man dank der geleisteten Überstunden einziehen kann | lieu days |
| Arbeitslosengeld | pogey |

# Kohle & Knete

| | |
|---|---|
| rat-race | *Rattenrennen* = Streben der Gesellschaft nach immer mehr Geld, Prestige und Macht |
| scab | Streikbrecher |
| suit | *Anzug* = einer der immer Anzüge trägt |
| UIC | Abkürzung für Arbeitslosengeld: **Unemployment Insurance Canada** |

**low man on the totem pole**
*tiefer Mann an dem Totempfahl*
weit unten in der Hierarchie stehen

## Kohle & Knete

Die kanadischen Währungsbezeichnungen sind dieselben wie die amerikanischen. Die kanadischen **Dollars** und **Cents** entsprechen z. Z. etwa dem Wert des amerikanischen Gegenstücks.

| | | |
|---|---|---|
| *ein kalter Tausender* | **a cool thousand** | 1000-Dollar-Schein |
| *schwarzer Cent* | **black cent** | 1 Cent-Münze |
| | **one buck** | 1 Dollar |
| | **buck 'n a half** | 1,50 Dollar |
| | **two bucks** | 2 Dollar |
| | **c-note** | 100-Dollar-Schein |
| | **dime** | 10-Dollar-Münze |
| diks *aussprechen:* | **dix** | 10-Dollar-Schein |
| | **fin/finsky** | 5-Dollar-Schein |
| *von* grand | **g-note** | 1000-Dollar-Schein |
| | **grand** | 1000 Dollar |
| *die Gehaltsangabe:* | **K/45 K** | 1000/45.000 |

# Kohle & Knete

| | | |
|---|---|---|
| **loon/looney** *Taucher* | 1-Dollar-Münze, wie der Vogel auf der Münze | |
| **nickel** | 5-Cent-Münze, war früher aus Nickel | |
| **penny** | 1-Cent-Münze | |
| **quarter** | 25-Cent-Münze *(Viertel)* | |
| **ten spot** | 10-Dollar-Schein | |
| **toonie/doubloon/ bearbuck** | 2-Dollar-Münze | |

*Andere Bezeichnungen für Kohle, Kies, Zaster, Knete usw. sind:* mula, dough *(Teig)*, wom pom, fleece *(geschorene Wolle)*, lucre.

Beschissen zu werden ist immer ein lausiges Gefühl und kann einen manchmal zu eher unschönen Aussagen verleiten. Oft beruhen diese Aussagen auf rassistischen Stereotypen. Die nächsten Ausdrücke beschreiben, wie man um sein **dough** geprellt wird und den danach eintretenden Zustand.

| | | |
|---|---|---|
| **be tight** | knapp dran sein | *eng* |
| **be broke** | pleite sein | *abgebrochen* |
| **get gypped** | beschissen werden | *zigeunert sein* |
| **get jewed** | beschissen werden | *bejudet sein* |
| **get off Scot-free** | ohne zu zahlen | *rausgehen schottisch-frei* |
| **get stiffed** | beschissen werden | |
| **it costs an arm & a leg** | sehr teuer | *es kostet 1 Arm + 1 Fuß* |
| **to pay through the nose** | sehr viel zahlen | *zahlen durch die Nase* |

# Kohle & Knete

Ideale Orte, um sein Geld loszuwerden, sind sicherlich die **Shopping Malls**, die über das ganze Land verteilt sind. In den großen Städten sind oft mehrere **Malls** miteinander verbunden, so dass man kilometerweit in unterirdischen Katakomben an Ladenfronten vorbeibummeln kann. Dies ist während der Haupteinkaufssaison um Weihnachten sehr angenehm, weil dann draußen oft so hundslausiges Wetter herrscht, dass sich niemand mehr auf die Straße wagen würde.

Die alten bekannten Warenhäuser sind, einmal: **Canadian Tire** — ein Metallwaren-, Autoteile- und **Do-it-yourself**-Laden. Denn Kanadier basteln gern selber an ihren Häusern und Autos herum und in in diesem **Hardware**-Laden, bekommt man das nötige Werkzeuge, Ersatzteile, etc. für den Handwerker. Ein großes Warenhaus, **(Timothy) Eaton**, machte früher mit Katalogbestellungen **mail orders Eaton's catalogue** seine Geschäfte. Der Katalog von **Eaton's** ist auch unter dem scherzhaften Namen **homesteader's bible** *(Farmerbibel)* bekannt. Die **Hudson's Bay Company** war ehemals eine Handelsfirma zwischen Indianern und Weißen. Heute ist das Warenhaus einfach als **The Bay** bekannt. Ein **mall rat** *(Boulevardratte)* ist jemand, der seine ganze Zeit in den **Shopping Malls** verbringt, und nie die Sonne erblickt. Und das letzte Warenhaus, was es zu nennen gibt, ist das **Simpson's**.

Eine beliebte Art Möbel oder Haushaltgeräte günstig zu erstehen sind die **yard sales**

*Einige der heutigen Warenhäuser haben als Versandhäuser angefangen. In den kanadischen Weiten lohnte es sich früher kaum, einen Laden zu eröffnen, weil zu wenig Leute kamen. Alles wurde einfach per Katalog zum Verkauf angeboten.*

# Klamotten

oder **garage sales**. Diese werden meist an Wochenenden im Sommer oder frühen Herbst abgehalten. Die Verkäufer sind oft Leute, die umziehen und nicht alles mitschleppen wollen und daher eine Teil ihres Hausrats vor dem eigenen Haus feilbieten.

# Klamotten

Im Winter muss man sich in Kanada wirklich wetterfest einpacken. Die eisige Kälte und der bissige Wind fressen sich leicht durch die Jacken und Mäntel, die in unseren gemäßigten Wintern getragen werden. Wenn man aber gut ausgerüstet ist, lässt sich der Winter selbst bei -25C noch genießen. Das sollte in ihre kanadische Garderobe:

| | |
|---|---|
| **anorac** | Wind- und Regenjacke |
| **babushka** | Kopftuch |
| **balaklava** | gestrickte Gesichtsmaske, mit Öffnung für Augen- und Mund |
| **buckskin** | gegerbtes Hirschleder |
| **chaps** | Lederbeinkleider der **Cowboys** |
| **dickey** | Rollkragen ohne Pulli und zum Teil mit Kapuze |
| **ear muffs** | Ohrwärmer |
| **galoshes** | Gummistiefel, anziehbar über normale Schuhe |
| **longjohns** | langbeinige Unterhose |
| **mocassins** | Indianerschlüpfschuhe aus Leder |

babushka *stammt aus dem Ukrainischen*

# Klamotten

| | |
|---|---|
| mukluk | Eskimosocken/-stiefel aus Rentier- oder Seelöwenleder |
| rubbers | wasserdichte Gummisohle, schnallt man sich unter die Sohle der normalen Schuhe |
| shitkickers | schwere Arbeiterstiefel |
| snowmobile suit | gefütterter, wetterfester Ganzkörperanzug, in den man mit den normalen Kleidern hineinsteigt; auf dem **snowmobile** getragen |
| Stanfields | langärmelige und langbeinige einteilige Unterwäsche (nach der Marke benannt) |
| toque | gestrickte Wollmütze für den kalten Winter |
| turtle-necked sweater | Rollkragenpulli (*Schildkrötenhals*); auch: **turtle neck** |

Manches wollen Sie aber bestimmt nicht: Zum Einen einen **soaker**, denn das ist die Hose bis zu den Knien nass geworden vom Schneematsch in den Straßen. Zum Anderen **taking a soaker** wollen Sie bestimmt nicht, denn dann fallen Sie aus Versehen ins Wasser.

# Klamotten

Es folgen einige Slangbezeichnungen für Teile des Ausgeh-Outfits oder der Intimwäsche:

| | |
|---|---|
| *Kamelzehe* = Frauenhose, die im Schritt so eng anliegend ist, dass sie an dieser Stelle die Form einer Kamelzehe erinnert. | camel toe |
| **Come fuck me boots**, hohe Stiefel, die vor allem Prostituierte tragen | CFM boots |
| *Kakerlakentöter* = Cowboystiefel | cockroach killers |
| gestylt sein, gut angezogen sein | decked out |
| *Schnürchen* = Unterhose für Frauen | g-string |
| Outfit, Klamotten, könnte auch sarkastisch gemeint sein: **nice get up!** | get up |
| *Lippenhafter* = Hose, die im Schritt sehr eng ist. Ableitung von **hip huggers**, populärer Hosenstil der 70er. | lip huggers |
| Frauenschuhe mit hohen Absätzen | pedal-pushers |
| Turnschuhe | runners |
| *Stacheln* = Schuhe mit hohen Absätzen | spikes |
| In-Typ, Trendy-Typ | trendoid |
| *Keil* = Unterhose die sich zwangsläufig in der Spalte am Hinter verfangen muss | wedgie |

# Wohnen

## Wohnen

**D**ie meisten Kanadier wohnen in den **burbs** (Kurzform von **suburbs**, Vorort) der großen Städte. **Suburbia** ist für viele Familien der Wohnort ihrer Wahl. Man ist weit genug vom Stadtzentrum entfernt, um ein eigenes Haus zu einem vernünftigen Preis erstehen zu können und trotzdem noch nah genug, um zur Arbeit **downtown** pendeln zu können. Wenn man sich ein bisschen weiter von der Stadt entfernt, findet man sich bald in den **boonies** wieder, der abgelegenen Wildnis. In den meisten kanadischen Städten gibt es aber auch im Zentrum **residential areas** (Wohnquartiere) von denen man das Zentrum zu Fuß erreichen kann. Es gibt allerdings auch moderne Apartmenthochhäuser **(high rises)**.

*Junge Kanadier nehmen sich an der Uni ein Zimmer in den* dorms *(Studentenhäuser) auf dem* campus. *Wenn sie nicht auf dem Unigelände wohnen möchten, teilen sie sich aus Kostengründen ein Haus mit anderen. Diese* room-mates *kennen sie vor Einzug kaum, so dass Toleranz sehr wichtig werden kann.*

| | |
|---|---|
| **boarding house manners** | schlechte Manieren |
| **chesterfield** | Sofa |
| **comforter** | Daunendecke; auch: **duvet** |
| **couch potato** | Dauer-Fernsehgucker |
| **cutlery** | Besteck |
| **silverware** | Silberbesteck |
| **digs** | Wohnung, Laden, Bude |
| **dust bunny** | Staub-, Flaumballen |
| **funny papers / funnies** | Comicteil einer Zeitung |
| **nuke** | in der Mikrowelle kochen; von **nuclear** |

# Wohnen

| | |
|---|---|
| **quilt** | typische Steppdecke aus farbigen Stoffresten |
| **shack up** | zusammen wohnen ohne verheiratet zu sein |
| **the sticks** | abgelegene Gegenden, konservativ |
| **tube / boob tube** | *Röhre* = Fernseher |

## Die Telefonitis

Einer der wichtigsten Apparate im kanadischen Haushalt ist zweifelsohne das Telefon. Zu jeder Tages- und Nachtszeit erreichbar zu sein, ist das Ziel. In Nordamerika darf man ohne weiteres bis spät in die Nacht bei Bekannten anrufen, ohne dass der späte Anruf die Nachtruhe oder Privatsphäre verletzen würde. Da lokale Anrufe **(local calls)** nichts kosten!!, verbringt man auch viel mehr Zeit am Telefon. Um seine telefonische Erreichbarkeit zu erhöhen, stehen dem Kanadier mehrere Möglichkeiten zur Verfügung:

| | |
|---|---|
| **answering machine** | Anrufbeantworter |
| **answering service** | Anrufbeantwortung durch die Telefonfirma |
| **car phone** | Autotelefon |
| **cell phone** | **cellular phone**, Handy |
| **cordless** | schnurloses Telefon |
| **pager** | Pieper |
| **voice mail** | Anrufbeantworter via der Telefonfirma |

 **Wohnen**

Viele Firmen bieten **800-Numbers** an, durch die man sie kontaktieren kann, ohne die **long distance** Gebühren bezahlen zu müssen. Wenn man eine solche Gratisnummer anwählt, trifft man am anderen Ende oft auf einen **automated service**. Dies sind computergesteuerte Antwortdienste die durch die **touch tone keys** *(Tontasten des Telefons)* aktiviert werden.

*Für die* 900-numbers *muss man bezahlen:* phone-sex.

Das Ferngesprächangebot ist in einen richtigen Preiskrieg geraten. Es gibt nun mehrere **long distance**-Anbieter, die sich alle gegenseitig versuchen mit den Ferngesprächsgebühren zu unterbieten. Die Ferngesprächspreise nach Europa sind daher auch enorm gesunken. Viele Telefongesellschaften rüsten ihre Kunden mit **calling cards** aus, damit sie der Firma einigermaßen treu bleiben. Diese Karten sind eine Art Kreditkarte, die einem gewisse niedrige Gebühren garantieren sollen. Mit einem Telefon und einer Kreditkarte ist mittlerweile sowieso beinahe alles von zu Hause aus bestellbar.

# Unterwegs

| | | |
|---|---|---|
| **give a buzz** | jemanden anrufen | *gib ein Summen* |
| **give a shout** | ruf mich an | *gib einen Schrei* |
| **order in** | ein Mahlzeit übers Telefon nach Hause bestellen: z. B. Pizza, Chinesisch, Griechisch | |
| **touch base** | telefonieren; aus Baseball, wo man die **bases** berühre muss, um Punkte zu machen. | *berühren Basis* |

## Unterwegs

**D**as wichtigste Transportmittel für den Durchschnittskanadier ist das Auto. Die Distanzen sind so groß und die öffentlichen Verkehrsmittel oft so unpraktisch, dass man ohne eigenes Gefährt kaum mobil ist. Die Verkehrsregeln sind für Europäer nicht schwierig zu verstehen, man muss einfach auf die vielen **stop signs** und die Rechtsabbieger bei rot achten. Europäer werden sich auf den **freeways** *(Autobahn)* zurückhalten müssen, denn trotz der großzügigen Spurenzahl ist ein relativ strenges Tempolimit angesagt (100 km/h). Im Allgemeinen gibt es auf den Verkehrsschildern vor allem viel Text; besonders beim Parken sollte man ziemlich genau darauf achten, um nicht in die Falle zu laufen. Denn wenn man auf der Straße parkt, gibt es oft zu gewissen Stunden, an gewissen Tagen, in gewissen Monaten viele nette kleine Einschränkungen. Die Polizei ist schnell zur Stelle, um

*Mit einem Smartphone können Sie sich die Wörter, Sätze und Redewendungen dieses Kapitels anhören. Scannen Sie einfach den QR-Code mit Hilfe einer kostenlosen App (z. B. „Barcoo" oder „Scanlife").*

# Unterwegs

die **parking tickets** (Strafzettel) zu verteilen. Manchmal kommen auch einfach die **tow trucks** (Abschleppwagen) und nehmen die Karren der Parksünder einfach mit.

Die folgende Liste enthält Begriffe, die allgemein mit Transport in Kanada zu tun haben:

| | |
|---|---|
| Beemer | BMW |
| Bombardier | Vorläufer der **snowmobiles,** von der Firma Bombardier hergestellt |
| CAA | **Canadian Automobile Association** |
| canoe | offenes Kanu der Indianer |
| clicks | Kilometer |
| CN | **Canadian National**, Eisenbahnunternehmen |
| CPR | **Canadian Pacific Railroad**, eine der beiden nationalen Eisenbahnunternehmen |
| do 90 (mph) | schnell (90 Meilen) fahren; **mph = miles per hour** |
| floatplane | Wasserflugzeug |
| hang a left/right | nach links bzw. rechts abbiegen |
| jack-knife | LKW-Unfall, bei dem der LKW-Anhänger nach vorne geklappt wurde. (Klappmesser) |
| jump start | ein Auto überbrücken |
| kitty corner | diagonal gegenüberliegend |
| pothole | Straßenloch, enstehen wenn der Boden nach dem langen Winter wieder auftaut |
| redeye | Nachtflüge von West- nach Ostkanada auf denen die Passagiere oft nur wenig Schlaf kriegen und daher rote Augen haben. |
| rubbernecker | Gaffer auf der Autobahn (Gumminackentyp) |
| skytrain | erhöhte Schnellbahn, die in **Vancouver** anläßlich der **Expo '86** eingeweiht wurde |

# Unterwegs

| | |
|---|---|
| **streetcar** | Straßenbahn |
| **the met** | Autobahn in **Montreal** (highway 40) *von* Métropolitaine |
| **vanity plates** | individuelle Autokennzeichen; hier ist die Phantasie der Autobesitzer gefragt, denn sie dürfen nur 7-stellig sein! |
| **wheels / set of wheels** | Auto *(Räder / Satz von Räder)* |

**The store is kitty corner from my house.**
Der Laden befindet sich schräg gegenüber von meinem Haus.

**Do you have wheels?**
*tun du hast Räder*
Hast du ein Auto?

**do a lot of windshield time**
*tun ein viel von Windschutzscheibenzeit*
viel Zeit hinter dem Steuerrad verbringen

Ein paar kreativeren Autokennzeichen:

**JSRNO1** — *j's-'r-no-one*
**Jays (Toronto Blue Jays) are Number One.**

**12BNLA** — *one-two-be-'n-L-A*
**Want to be in LA.**

**LY10 UP** — *ly-ten-up*
**Lighten up!**
Nimm's leicht!

# Kneipen

*Mit einem Smartphone können Sie sich die Wörter, Sätze und Redewendungen dieses Kapitels anhören.*

Für den Touristen könnte die erste Tuchfühlung mit der Umgangssprache durchaus in einer Bar oder einem Restaurant stattfinden. In dieser informellen Umgebung fühlen sich Bargäste von professionellen und offiziellen Sprachzwängen gelöst und sie können ihrer Zunge freien Lauf lassen. Hier werden die stylistischen Fesseln abgeschüttelt und der sprachlichen Phantasie das Kommando übergeben. Wenn die Stimmung durch Speis und Trank etwas gelöst wurde, können unter Freunden alle möglichen Themen besprochen werden. In einer solchen Situation kann ein **Outsider** vieles über die lokalen Menschen und Kultur erfahren. Aber Vorsicht, wenn Sie die umgangssprachlichen Ausdrücke auch nur vorsichtig verwenden.

In den Städten Nordamerikas ist eine warme Mahlzeit zu jeder Tages- und Nachtzeit leicht auffindbar. Abgesehen davon, dass man auch fast zu jeder Zeit in den **grocery stores** Lebensmittel einkaufen kann, sind immer günstige Alternativen vorhanden, um auswärts zu essen. Die Kanadier nehmen diese Gelegenheit wahr und unterstützen die Restaurantindustrie kräftig. Selbst das Frühstück nimmt man oft auswärts ein. Wer aber zu Hause bleiben möchte und trotzdem nicht kochen will, kann auch was per Telefon bestellen (**to order in**).

# Kneipen

| | | |
|---|---|---|
| **bar hopping** | von Bar zu Bar ziehen | |
| **booze can** | illegaler **afterhours**-Laden, nach Sperrstunde gibt's hier noch Alkohol | |
| **bop** | tanzen (**bop** ist ein Jazzstil) | |
| **dine & dash** | die Zeche prellen | *essen & davonmachen* |
| **dive** | Spelunke, Loch | |
| **eat out** | auswärts essen | |
| **greasy spoon** | typisches Spiegelei mit Speck Frühstücksrestaurant | *schmieriger Löffel* |
| **hangout** | Stammlokal | |
| **joint** | Spelunke | |
| **mosh** | tanzen während Konzerten in den **mosh pits** (Bereich gleich vor der Bühne) | |
| **pub crawl** | von Pub zu Pub ziehen | *Pub kriechen* |
| **pubbing/ clubbing** | von Pub zu Pub (Club zu Club) ziehen | |
| **rave/raves** | Technonächte | |

*Die Legion oder lang Royal Canadian Legion ist eine Veteranenorganisation, in denen die Veteranen des 2. Weltkriegs rumhängen, um zu trinken.*

# Food ...

### Kino

Die Filmindustrie in Kanada profitiert seit einigen Jahren von den vielen amerikanischen Produktionen, die aus Kostengründen nördlich der Grenze gedreht werden. Immer wieder sieht man abgesperrte Straßen mit den typischen Trailers der Crew. Aber auch die einheimische Szene hat sich zu einer eigentliche Industrie entwickelt, deren Stars jedes Jahr mit dem **Genie** (kanadische Version vom Oscar) geehrt werden. Wer die **flicks** *(Filme)* in den Kinos sehen möchte und etwas auf sein Budget achten muss, sollte die **cheap nights** ausnützen; oft kann man nämlich dienstags zum halben Preis ins Kino.

## Food ...

*Die erste Frage die sich stellt, wenn man essen gehen will, ist immer: „What do you want to eat?", was so etwas bedeutet wie, „Welche Nationalität darf's heute sein?"*

**D**ie kanadische Küche ist so vielfältig wie das Völkergemisch. In den Großstädten ist das Angebot an guten und preiswerten Restaurants unendlich. Es gibt natürlich auch einige typische kanadische Spezialitäten, die vor allem durch die erhältlichen Frischprodukte der Saison bestimmt sind.

Die **poutine** ist ein **fast-food**-Gericht: Die Fritten werden mit **gravy** *(eine braune Sauce)* und **cheese curds** *(kleine **Cheddar**-Klöschen)* serviert. Und natürlich kommt diese Französisch klingende Spezialität aus **Québec**.

# Food ...

**Montreal smoked meat** und **bagels** stammen von der jüdischen Bevölkerungsgruppe in Montreal und sich richtig berühmt. Die **Montreal Bagels** *(gebackener Teigring)* sind viel schlanker und weniger fettig als die **New York Style Bagels**. Ein weiteres Gebäck aus Québec sind die **Joe Louis** *(gâteaux Vachon)*, ein Alptraum für die Zähne, aber Lieblingsspeise der Schulkinder. Aus dem äußersten Westen Kanadas stammen die **Nanaimo bars**, ein Zuckergebäck aus Schokolade, **Brownies** und einer Art Vanillefüllung. Diese Spezialität wurde benannt nach dem Herkunftsort **Nanaimo**, auf Vancouver Island.

*Mit einem Smartphone können Sie sich die Wörter, Sätze und Redewendungen dieses Kapitels anhören.*

Jagd und die Fischerei haben auch einige typische kanadische Gerichte hervorgebracht, wie **moose steak** *(Elchsteak)*, das an einer Pilz- und Weinsoße vorzüglich schmeckt. In den maritimen Provinzen gibt es selbstverständlich sehr viel **sea food** wie **clam chowder** *(cremige Suppe mit frischen Muscheln)* oder den berühmten **Nova Scotia lobster** *(Hummer)*. **Maple syrup** *(Ahornsirup)* ist in verschiedensten Gerichte enthalten und im Frühling sehr populär. Unter den wildwachsenden Pflanzen sind **blueberries** *(Blaubeeren)*, **cranberries** *(Preiselbeeren)* und **fiddle heads** *(junge Farnsprößlinge)* gastronomisch interessant.

Eine der wichtigsten Mahlzeiten ist jedoch das Frühstück: **hash browns** *(gebratene Kartoffeln)*, **pancakes** oder **flapjacks** *(Pfannkuchen)*, **bacon, ham,** oder **sausages, eggs over easy** *(Spiegeleier auf beiden Seiten fritiert)*.

# Food ...

| | |
|---|---|
| back bacon | Speck vom Schweinerücken; für's Toast |
| baloney | Aufschnittfleisch (Bolognawurst); wird für Sandwiches gebraucht. |
| beavertail | *Biberschwanz:* fritierter Teigfetzen, wird mit Zucker und Zimt oder einer Soße gegessen. |
| BLT | **Bacon Lettuce Tomato**, ein Sandwich mit Speck, Salat und Tomaten. |
| corn | Kurzform für **popcorn**, wird vor allem im Kino in großen Mengen verschlungen. |
| dog | Kurzform von **Hot Dog**. |
| griddle cake | *Kuchenblech Kuchen:* eine Art Pfannkuchen. |
| jerky | getrockneter Fleischstreifen. |
| Kraft dinner | Maccaroni und Käse Auflaufmix, den man in jedem Supermarkt billig erstehen kann; wird vor allem von Studenten geschätzt. |
| michigan | **Hot Dog** mit Spaghettisoße aus **Montreal**; wird Französisch ausgesprochen. |
| Oka | kanadischer Käse von Mönchen aus **Québec** |
| pea soup | Erbsensuppe, typisch bei Franko-Kanadiern. |
| peameal bacon | in Getreide gelagerter Speck. |
| pie | *Kuchen:* Pizza. |
| porridge | Hafergrütze als Frühstücksspeise. |
| sheperd's pie | Auflauf mit Hackfleisch, Mais und Kartoffeln; in **Québec**: pâté chinois. |
| slab | ein dickes Stück Pizza. |
| slice | *Schnitte:* ein Stück Pizza. |
| spud | Kartoffel |
| steamé | **Hot Dog** in **Montreal**, Mischung aus Englisch und Französisch. |
| sub/submarine | langes Sandwich, mit vielen Zutaten. |
| tourtière | Fleischkuchen aus Québec. |
| tube steak | *Röhrensteak:* Hot Dog |
| za | ein Stück Pizza |

# Food ...

In jeder Sprache gibt es Redewendungen, die nicht ganz „tafelreif" sind. Viele dieser idiomatischen Ausdrücke stehen mit dem körperlichen Befinden im Zusammenhang. Hier sind einige Kostproben:

| | |
|---|---|
| **all set!** | bedient oder voll sein |
| **binge** | Sauf- oder Fressabend |

bursting at the seams
*aus allen Nähten platzen*

Ganz interessant ist der Begriff **chowline**: das ist die Warteschlange in einer Mensa oder Cafeteria. **Chow** wurde früher anstatt **food** gesagt und stammt ursprünglich aus dem chinesischen Pidginenglisch!

| | |
|---|---|
| **dig in!** | *grab rein:* Fang an! |
| **eat like a horse** | tierischen Hunger haben |
| **famished** | ausgehungert |
| **gorge** | sich vollfressen |
| **mouth is on fire** | vom scharfen Essen brennt der Mund |
| **pig out** | richtig reinhauen |
| **scarf** | fressen |
| **snarf** | reinstopfen |
| **starved** | verhungert |
| **stuff your face** | *sein Gesicht vollstopfen*: essen wie ein Scheunendrescher |
| **stuffed** | *ausgestopft*: vollgefressen |

**have eyes bigger than the stomach**
die Augen sind größer als der Magen

## ... and drink

*Mit einem Smartphone können Sie sich die Wörter, Sätze und Redewendungen dieses Kapitels anhören.*

**W**ie in vielen nördlichen und angelsächsischen Ländern spielt der Alkohol auch in Kanada eine wichtige gesellschaftliche Rolle. Eines der wichtigsten Ereignisse im Leben jedes jungen Kanadiers ist es, das **drinking age** erreicht zu haben. In den meisten Provinzen ist dies das 19. Jahr (in **Québec** 18). Das heißt natürlich nicht, dass die jungen Kanadier vorher nicht trinken, aber ab 19 darf jeder legal in einer Bar was Alkoholisches bestellen oder im **liquor store** eine Kiste Bier kaufen. Das **drinking age** fällt bei den meisten mit den ersten Universitätsjahren zusammen, d.h. mit den ersten Jahren in denen sie aus den Klauen der Eltern sind.

Bier genießt in Kanada eine Sonderstellung. Die Kanadier lieben ihr Bier über alles und sind sehr stolz darauf. Verglichen mit dem amerikanischen Bier, ist das kanadische etwas stärker, was die Kanadier oft zu dummen Sprüchen veranlasst:

*Was ist der Unterschied zwischen dem Liebe machen in einem Boot und dem Trinken von amerikanischem Bier? — Keiner, beides ist verdammt nahe am Wasser.*

# ... and drink

| | | |
|---|---|---|
| box of suds | Bier | *Kiste von Seifenblasen* |
| brew, brewsky | Gebräu | |
| brown pop | braune Limonade | |
| coolie / cold one | Bier | *ein Kühles* |
| crack one open | ein Bier öffnen | *eins aufknacken* |
| diet beer | Diätbier | |
| light beer | Leichtbier | |
| flat o' beer | eine Kiste Bier | |
| frosty | ein kühles Blondes | *Frostiges* |
| girls' beer | *Mädchenbier* Leichtbier | |
| high test | Starkbier | |
| pint | Biermaß (1 pint = 0,47 l) | |
| pisswater | sehr leichtes Bier | *Pissbier* |
| premium | Ice Beer | *super* |
| rocket fuel | Ice Beer | *Raketenbezin* |
| two-four | Kiste mit 24 Bier | *zwei-vier* |
| unleaded | light beer | *unverbleit* |

## ... and drink

Weitere Ausdrücke rund um Alkohol:

| | |
|---|---|
| alki | Alkoholiker |
| bootlegging | illegale Alkoholproduktion, -vertrieb |
| Calgary Redeye | Tomatensaft mit Bier |
| dep | kleiner Laden, der auch nachts Alkohol verkauft (vom französischen *dépanneur*) |
| go to the legion | eine Art Pub mit billigem Alkohol |
| hangover | *Überhänger:* Kater |
| LCBO | **Liquor Control Board of Ontario.** Alkoholbehörde der Provinz Ontario; kontrolliert den Verkauf von Alkohol in der Provinz. In den anderen Provinzen: **LCBC** (British Columbia), **LBS** (Saskatchewan), etc. |
| moosemilk | Ursprünglich: Rum, Kondensmilch und Wasser. Heute werden die verschiedensten alkoholischen Mischungen so genannt. |
| skid road / skid row | *sich volllaufen lassen:* Ursprünglich Straßen, auf denen die gefällten Bäume in die Stadt geschleppt wurden. Arbeiter versoffen an den **skid roads** oftmals ihre Löhne. |
| soda | Limo; manchmal ist auch Bier gemeint |
| wino | Weinsäufer |

Ausnahmsweise trinkt der Kanadier auch mal was Alkoholfreies! Dann bestellt er einfach einen **cow juice**, ganz wörtlich: *Kuhsaft*, richtig — einfach Milch. Oder er nimmt einen **hit of caffeine** zu sich (*Schuss von Koffein*), eine Tasse Kaffee. Davon gibt es tausende Varianten mit Milch oder ohne. Und schließlich natürlich auch **pop**, damit ist einfach Limo gemeint.

# Rauchen

## Rauchen

In Kanada wurden Zigaretten bis Anfang der neunziger Jahre noch ganz massiv besteuert. Zigarettenpackungen (**a pack**) waren so teuer, dass sich in vielen Städten ein intensiver Schwarzhandel mit Zigaretten aus den USA entwickelte. Jener Schwarzhandel bedeutete für die Regierung so markante Einbußen, dass die Preise für die **smokes** wieder heruntergesetzt wurden. Rauchen ist in den meisten Provinzen Kanadas kein angenehmer Zeitvertreib; in beinahe allen öffentlichen Gebäuden besteht Rauchverbot, so dass man oft Leute antrifft, die bei -30°C draußen an ihrem Glimmstengel ziehen, weil sie im Büro nicht dürfen. Einem Europäer wird auch sofort auffallen, dass die Bars und Clubs viel weniger verraucht sind als zu Hause.

Und natürlich gibt es vielfältige Ausdrücke für Zigaretten:

| | |
|---|---|
| **butts** | *Stummel* |
| **cancer sticks** | *Krebsstengel* |
| **coffin nails** | *Sargnägel* |
| **death sticks** | *Todesstengel* |
| **deck** | *eine Packung Spielkarten* |
| **drag, toke** | *ein Zug* |
| **lollipop** | *Lutschstengel* |
| **rollie** | *eine selbst gedrehte* |
| **roots** | *Wurzeln* |

# Drogen

## Drogen

Die gesellschaftliche Akzeptanz von sogenannten weichen Drogen ist groß (was nicht heißt, dass sie legal sind), während mit den harten Drogen schon schärfer ins Gericht gegangen wird. Bei jüngeren Leuten ist vor allem **pot** *(Gras)* beliebt, der zu **reefers** *(Joints)* gedreht wird. Nachdem man gekifft hat, ist man **stoned** *(gesteinigt)*. Andere populäre Halluzinogene sind **acid** und **magic mushrooms** (die in B.C. sehr gut wachsen).

| | |
|---|---|
| banana peeling | *Bananen schälen:* drauflos quatschen, wenn man high ist. |
| be jonesing | auf „Turkey" sein, Entzugserscheinungen |
| cid | Kurzform von **acid** |
| crazed | versessen, wahnsinnig, high |
| doobie | Joint |
| fry your brains | *sein Hirn braten:* kiffen |
| get busted | von der Polizei erwischt werden |
| have the munchies | nach dem Kiffen Lust aufs knabbern haben |
| high as a kite | *so hoch wie ein Drachen:* high sein |
| pop pills | Pillen schlucken |
| roach | Joint |
| be spaced out / be in space | *aus dem/im Weltall sein:* high sein |
| toke | Zug von einer Zigarette oder einem Joint |
| waste case | *hoffnungsloser Fall:* Alkoholiker, Drogensüchtiger |
| weed | Unkraut, Gras |

# Beschimpfungen

## Beschimpfungen

Die Sammlung ist relativ umfangreich aber keineswegs komplett; es entstehen jeden Tag viele neue umgangssprachliche Elemente, die manchmal aber sehr kurzlebig sind. Der erste Teil der Liste enthält Begriffe, die nicht geschlechtsspezifisch sind, also sowohl für sie als auch für ihn gelten können.

| | |
|---|---|
| be over the hill | *sein über dem Hügel:* sein bestes Alter schon hinter sich haben |
| big mouth | Großmaul, Angeber |
| biscuit head | *Zwiebackkopf:* Dummkopf |
| bucket head | *Eimerkopf:* Hohlkopf |
| buddy, bud | Kumpel, Freund |
| bullshitter | Angeber, Großmaul |
| bum | Obdachloser; Faulpelz |

# Beschimpfungen

| | |
|---:|---|
| city slicker | Stadtmensch, der sich in die Natur wagt, sich aber nicht zurechtfindet |
| cruel handsome | sarkastisch für eine hässliche Person |
| dead ringer | jemand, der einer berühmten Person ähnelt |
| dimwit | dümmliche, schwachsinnige Person |
| doormat | Fußabtreter, Stümper |
| dork | Trottel |
| eager beaver | jemand etwas eifrig, begierig verfolgt |
| Flintsone | ein Gigant, Hüne (Familie Feuerstein) |
| geek | Trottel, Typ, Affe |
| goggles | *Glotzer:* Depp |
| headbanger | Hardrockfan |
| hick | Provinzler |
| hovercraft | *Luftkissenboot:* Mitläufer, Möchtegern |
| to hover around | sich herumtreiben |
| Indian giver | einer, der sich gibt wie ein Indianer, d.h. das Geschenkte wieder zurücknimmt |
| jerk | naive, dumme Person |
| kike | abschätzige Bezeichnung für Juden |
| lazy bum | Faulenzer |
| loser / 3D loser | Volltrottel |
| low life | *niedere Lebensform:* widerlicher Typ |
| monja cake | Bezeichnung für Nicht-Italiener |
| mouth piece | *Mundstück:* Nichtswisser |
| nay sayer | *Nein-Typ* Nein-Sager |
| nerd | dümmliche, unattraktive Person |
| nut bar | *Nussriegel:* Spinner |
| pack rat | *Paketratte:* Sammler |
| people of color | politisch korrekter Ausdruck für Farbige; auch **visible minorities** genannt. |
| perv | eine perverse Person |
| pig headed | *Schweinekopf:* stur, störrisch |
| puke breath | *Kotzatem:* Arschloch |

# Beschimpfungen

| | |
|---|---|
| *Rothals:* konservativer, verklemmter Weißer | redneck |
| *Teppichratten:* Kinder | rug rats |
| *Sandneger:* Araber | sandnigger |
| langweiliger Durchschnittstyp | shmo |
| *eine Scheibe Weißbrot:* Langweiler aus der gehobenen weißen Mittelschicht | sliced white bread |
| schleimig, ekelhaft | slimy |
| glitschig, schlüpferig, widerlich | slippery |
| glatt, charmant | smooth |
| *Schlange:* scheinheiliger Typ | snake |
| *solide Scheiße:* Fettwurst | solid shit |
| Spastiker | spazz |
| *eine hässliche Pille nehmen:* hässlich werden | take an ugly pill |
| Hexe, Luder | twit |
| Möchtegern | wanna be |

Ein **WASP (white anglo-saxon protestant)** ist einer aus der weißen Mittelschicht englischer Abstammung. Noch abfälliger ist dann **white trash** — *weißer Abfall* — nämlich einer aus der weißen Arbeiterschicht. Der **winner** *(Gewinner)* ist die ironische Variante und bedeutet eigentlich **loser**, also das genaue Gegenteil. Der **Yuppie** steht für **young urban professional person** und bezeichnet einen jungen berufstätigen Karrieristen.

# Beschimpfungen

## Über sie

Der nächste Teil der Sammlung besteht aus Ausdrücken, die ausschließlich für das weibliche Geschlecht verwendet werden. Wenn man einen Blick auf diese Liste (oder die „männliche" Entsprechung) wirft, wird man sofort sehen, dass eine Mehrzahl der Bezeichnungen einen negativen Klang haben; die gesammelten Begriffe zeigen eine große Originalität beim Beleidigen. Es scheint einfacher jemanden zu kränken als jemanden zu loben und zu unterstützen.

| | |
|---|---|
| all the girls love her | *alle die Mädchen mögen sie:* sie ist nicht sehr hübsch |
| babe | attraktive Frau, sexy aussehendes Mädchen |
| bimbo | dümmliches Mädchen, oft: Blondinen |
| bitch | *Nutte:* Luder, Hündin |
| chica | Mädchen |
| cow/ditz | dumme Kuh |
| gaggle of girls | Mädchengeschnatter |
| great conversationalist | *großartige Gesprächspartnerin:* nicht hübsch |
| hen night | *Hühnerabend:* Frauenabend |
| high maintenance | eine Frau, die viel verlangt |
| hot babe | heißes, attraktives Mädchen, vom feinsten |
| she reads a lot | *sie liest viel:* ist nicht sehr hübsch |
| she's gib-boned | *sie hat große Knochen:* kräftig gebaut |
| she's hot! | *sie ist heiss:* geil |
| slut | *Nutte:* Frau mit wenig Moralvorstellungen |
| space cadet | dümmliches, einfältiges Mädchen |
| wall flower | *Mauerblümchen:* eine, die keiner will |

# Beschimpfungen

### Über ihn

Während bei den Frauen in erster Linie das Aussehen bemängelt wird, ist es bei den Männern vor allem die fehlende Intelligenz.

| | | |
|---|---|---|
| **Bedrock giant** | Gigant, Koloss | *Bedrock ist die Ortschaft, in der Fred Feuerstein lebt.* |
| **bone head** | freundschaftlich für Kumpel, kann auch Ignoranz andeuten | |
| **chick magnet** | *Mädchenmagnet:* toller, attraktiver Typ | |
| **dog boy** | *Hundjunge:* Kumpel | |
| **dolt** | Tölpel | |
| **dweeb** | Trottel | |
| **geezer** | alter Knacker | |
| **guido, gino** | Macho (vor allem Indianer) | |
| **gumby** | einfältiger Kerl | |
| **hack** | ungehobelter Typ | |
| **hammer** | *Hammer* Kerl, Typ | |
| **hoser** | *Schlaucher* ungehobelter Typ | |
| **hot shot** | *heißer Schuss:* toller Typ | |
| **jughead** | *Krugkopf:* Idiot | |

# Beschimpfungen

| | |
|---|---|
| knob/doorknob | *Türknopf:* Trottel, Idiot |
| knuckles | *Knöchel:* schroffer Typ |
| mama's boy | Muttersöhnchen |
| numb | ungehobelter Typ, Trottel |
| old coot / old fart | alter Knacker |
| pin head | *Stecknadelkopf* Narr |
| pokey | dümmlicher Kerl |
| scooter | *Kinderroller* unruhiger Typ |
| shooter | *Schießer* Kumpel, Kerl |
| sissie | schwächlicher, 'frauenhafter' Typ |
| skippy | *Hüpfer* hektischer, lebhafter Kerl |
| sleaze (bag/bucket) | gemeiner, schmutziger Kerl |
| slime bag/slime bucket | *Schleimbeutel* unappetitlicher Typ |

Ein **SNAG, sensitive new age guy**, ist ein sensibler Mann der 90er.

| | |
|---|---|
| stud/stud muffin | gutaussehender Frauentyp |
| suave | charmant, galant, gefällig |
| twerp | Trottel, Taugenichts |
| weasel | *Wiesel:* unehrlicher Typ |
| yes-guy/yeah sayer | Jasager |
| zipperhand | *Reißverschlußkopf:* Soldat |

**slicker than snot on a doorknob**
*glitschiger als Rotz auf einem Türknopf*
Ekel

# Beschimpfungen

## Gleichgeschlechtlich

Homosexuelle Männer und lesbische Frauen haben es in der nordamerikanischen Gesellschaft nicht besonders leicht. Es gibt viele Heterosexuelle, die richtiggehend **homophobic** *(Schwulenhasser)* sind, so dass sich die homosexuelle und lesbische Gemeinschaft weitgehend vom Rest der Gesellschaft absondert. In Toronto z.B. haben sie ihr eigenes kleines Viertel. Hier einige Bezeichnungen für Schwule:

**a fellow is light in his loafers**
*ein Typ ist leicht in seinem Schlüpfer*
Schwuler

**light in his loafers**
*leicht in seinen Schlüpfern*
Tunte

| | |
|---|---|
| **bone smoker** | *Knochenraucher* |
| **cock breath** | *Schwanzatem* |
| **coming out (of the closet)** | *kommen heraus (aus dem Schrank)* |
| **cross dresser** | *Kreuz Anzieher:* Transvestit |
| **dick breath** | *Schwanzatem:* Arschloch |
| **dyke** | Lesbe |
| **fag/faggy** | warmer Bruder |
| **fairy** | Fee |
| **flamer** | *Flamme:* heiße Schwuchtel |
| **gay** | schwul |
| **gay bashing** | Schwule niedermachen |

# Beschimpfungen

**he speaks with a foreign accent**
*er spricht mit einem fremden Akzent*
der ist vom anderen Ufer

| | | |
|---|---|---|
| **hot** | *heiss* | schwul |
| **midnight cowboy** | *Mitternachtscowboy:* | Homo |
| **on fire** | *auf Feuer* | schwul |
| **queer** | | Tunte |
| **rump ranger** | | Steissreiter |
| **sister** | | Schwester |
| **turd packer** | | Kotstoßer |
| **twinky** | | Schwuler |

### ... und speziell für Lesben

| | |
|---|---|
| **bull** | Stier |
| **carpet muncher** | Teppichschmatzer |

**chicks with short hair and who are probably tougher than you**
*Mädchen mit kurzen Haaren und die sind wahrscheinlich stärker als du*
Lesbe

# Sex und alles, was dazu gehört

**D**er nordamerikanische Umgang mit Sex unterscheidet sich doch um einiges von den in Westeuropa üblichen Sitten. Während es für einen Europäer seltsam erscheinen mag, dass man an nordamerikanischen Stränden nie ein Mädchen ohne Bikinioberteil erblicken wird, oder dass sich in der Sauna nur Leute mit Badehosen aufhalten, wird es einen Europäer auch erstaunen, wie gerne Kanadier und Amerikaner über Sex reden. Die Nordamerikaner mögen zwar prüde und verklemmt sein was die Nacktheit anbelangt, aber wenn es um Geschlechtsverkehr geht, sind sie viel offener als der Durchschnittseuropäer. **Sextalk** hat eine Unzahl von mehr oder weniger metaphorischen Idiomen hervorgebracht. Viele dieser Ausdrücke sind natürlich nicht unbedingt stubenrein, so dass deren Gebrauch in einer formellen Situation nicht unbedingt zu empfehlen ist.

### Über sie

| | |
|---|---|
| **bearded taco** | *bärtiger Taco:* Muschi |
| **beaver** | *Biber:* Muschi |
| **biscuit duster** | *Keksabstauber:* Mädchenschnurrbart |
| **boobs** | Busen |
| **cunt** | Fotze |

# Sex und alles, was dazu gehört

| | |
|---|---|
| frozen rapberries | *gefrorenen Himbeeren:* Brustwarzen |
| gash | Muschi |
| hairy oyster | *haarige Auster:* Muschi |
| have the high beams on | *haben die Scheinwerfer eingeschaltet:* aufgerichtete Brustwarzen |
| melons | *Melonen:* Busen |
| piss flaps | *Pisslappen:* Schamlippen |
| slit | Scheide |
| stacked | *aufgeschichtet:* Sexbombe |
| tits | Titten |
| twin peaks | *Zwillingshügel:* Busen |
| washboard stomach | *Waschbrettmagen:* trainierte Bauchmuskeln |
| Y | Muschi |

### Über ihn

| | |
|---|---|
| cock/hick | Schwanz |
| family jewels | *Familienjuwelen:* Eier, Hoden |
| heat seeking missile | *hitzeempfindliches Geschoss:* Schwanz |
| hung like a horse | *Hänger wie ein Pferd:* Schwanz |
| Mr. Happy | Pimmel |
| weeny | *winzig / Wienerwürstchen:* Schwanz |
| pecker | Rute |
| pipe | *Röhre:* Schwanz |
| porksword | *Schweineschwert:* Schwanz |
| schlong/schlonger | Schwanz |
| stinkhammer | *Stinkhammer* Schwanz |
| thingamajig | *Werkzeug:* Schwanz |
| tube steak | *Röhrensteak:* Schwanz |

**Sylvester, the one-eyed pocket weasel**
*Sylvester, das einäugige Taschenwiesel*
Schwanz

# Sex und alles, was dazu gehört

### Das Hinterteil

| | |
|---|---|
| **buns** | *Brötchen* knackiger Arsch |
| **butt** | Arsch |
| **cushion** | *Kissen* Arsch |
| **shitter** | Arsch |
| **wazoo** | Arsch |

### terms of endearment

Möchte man den Abend nicht allein vor der Glotze verbringen, sind wohl eher Kosenamen wie die folgenden angebracht (übrigens verwendet man diese Ausdrücke auch oft für Kinder). Da es sich hier um die eher standardisierten Wörter handelt bedeuten sie alle so etwas wie Liebling oder Schatz. Die mehr persönlichen Kosenamen sind natürlich der jeweils eigenen Phantasie überlassen.

| | |
|---|---|
| **honey** | *Honig* |
| **honey bun** | *Honigbrötchen* |
| **honey bee** | *Honigbiene* |
| **shnuckums** | *Schnuckelchen* |
| **sweety** | *Süße(r)* |
| **sweetums** | *Schnuckiputz* |
| **cutie** | *Hübsche(r)/Niedliche(r)* |
| **sweety pie** | *süßes Küchlein* |
| **sweet heart** | *süßes Herz* |
| **bunny** | *Häschen* |
| **bunny cakes** | *Häschen Kuchen* |
| **muffin** | *Muffin (süßes Gebäck)* |

# Sex und alles, was dazu gehört

Jetzt aber ran an die Sache! Die Verblümtheit die für „den Akt" verwendet wird, ist auch hier manchmal recht einfallsreich; man muss seine Absichten eben manchmal etwas taktvoll verkleiden, oder?! Anderseits gibt es auch sehr plumpe Redewendungen.

| | |
|---|---|
| attached at the hip | *festgemacht an der Hüfte:* unzertrennliches Paar |
| bag over her head | *Tüte über den Kopf:* wenn der Sexpartner nicht gerade hübsch ist |
| beaver fever | *Biberfieber:* geil drauf sein (Muschi) |
| be lovey-dovey | im siebten Himmel schweben |
| blow job | *Blasjob:* Fellatio, einen blasen |
| blow one's wad | *einen Stoß ablassen:* Orgasmus (Männer) |
| blue balls | *blaue Eier:* nicht befriedigt werden (Männer) |
| boff | bumsen |
| bun in the oven | *Hase im Ofen haben:* schwanger sein |
| cabin fever | *Hüttenfieber* Frühlingsgefühle |
| carpet munching | *Teppich schmatzen:* Cunnilingus |
| chew your arm off | *kau deinen Arm ab:* hässliche Sexpartnerin |
| choke the chicken | *erwürgen das Huhn:* onanieren |
| coyote fuck | Koyotenfick |
| cum | Sperma |
| drink her pretty | *trink sie hübsch sie:* sieht erst ab einem gewissen Alkoholpegel hübsch aus |
| eat out | *ausessen:* Cunnilingus |
| fuck machine | Fickmaschine |
| fuck your brains out | *fick dein Gehirn raus:* wilder, extatischer Sex |
| get laid | *gelegt werden* |
| give some action | *machen eine Aktion* |
| give head | *gib Kopf:* Fellatio |
| go down on someone | *niedergehen auf jemandem:* oraler Sex |

# Sex und alles, was dazu gehört

| | |
|---|---|
| *goldene Dusche:* Urinfetisch | golden shower |
| *haben die Heißen auf jmd:* scharf sein auf jemanden | have the hots for s.o. |
| Fellatio | hummer |
| *Eiskönigin:* frigide Frau | ice queen |
| *Knastköder:* minderjähriges Mädchen | jail bait |
| Sperma | jism |
| Schoßtanz | lap dancing |
| *Milchschnauze:* Folgen der Fellatio | milk mustache |
| *Mondlichtung:* Sex im Auto | moonlighting |
| *Götternektar:* Sperma | nectar of the gods |
| Fick | nookie |
| *Nüsse* Eier | nuts |
| **Protein Absorption Unit**: Frau, Muschi | PAU |
| *Perlenkette:* Abspritzen des Mannes auf den Hals der Frau | pearl necklace |
| bumsen | poontang |
| *fahren die die Schokoladenautobahn:* analer Sex | ride the hershey hi-way |
| sexhungriges Mädchen | sex kitten |
| Gerede über Sex | sex-talk |
| *sie ist fünf Bier:* nach fünf Bier sieht sie gut genug aus | she's five beers |
| Sadomasochismus | S&M |
| *U-Bootrennen:* Sex im Auto | submarine races |
| einen blasen | suck off |
| *diese Zeit im Monat:* Periode, Menstruation | that time of the month |
| Fellatio | zoomer |

**to know someone in the biblical sense**
*kennen jemanden in der biblischen Art*
jemanden erkannt haben (miteinander geschlafen haben)

# Sex und alles, was dazu gehört

**Are you getting any hay for your donkey?**
*bist du bekommend genug Heu für deinen Esel*
Hast du regelmäßig Sex?

**She was sloppier than a wet poutine.**
*sie war schwabbeliger als eine nasse*
Sie war total geil drauf.

**So horny the crack of dawn isn't safe.**
*so geil das das Morgengrauen/ die Spalte nicht-ist sicher*
Er ist total geil.

**Tighter than a bull's arse in fly time.**
*enger als ein Stierarsch während der Fliegensaison*
Ihre Möse ist zu eng.

**What would you call nuts on a wall?**
**— Wallnuts!** *(Baumnüsse)*
**What would you call nuts on your chest?**
**— Chestnuts!** *(Kastanien)*
**What would you call nuts on your chin?**
**— A blow job!**

# Klo & Co.

**My husband and I are into S&M.
I Sleep and he Masturbates!**

## the time after

| | |
|---|---|
| *klopfen sie auf:* eine Frau schwängern | to knock her up |
| *ein Brötchen im Ofen haben:* schwanger sein | have a bun in the oven |
| *sein in einem Familienweg:* schwanger sein | to be in a family way |
| *erwartend:* schwanger sein | expecting |
| schwanger sein (von **pregnant**) | preggy |
| *Teppichratten:* Kinder | rugrats |
| *Knöchelbeißer:* Kinder | ankle-biters |

# Klo & Co.

In eine ähnliche Kategorie wie das Sexvokabular gehören Ausdrücke, die mit Körpergeräuschen und -gerüchen zu tun haben. Hier gibt es neben den anständigen **pee** *(pinkeln)*, **poo** *(scheißen)* und **bathroom** mehrere Begriffe, die man nicht einfach so benutzen kann. Das stille Örtchen:

| | |
|---|---|
| **biffey** | Toiletteanbau, -schuppen |
| **can** | die Büchse |
| **crapper** | Scheißhaus |
| **dumpster** | *Plumpsklo* |
| **kitty litter** | *Katzenstreu* |
| **outhouse** | Häuschen mit Herz |
| **sand box** | *Sandkiste* |

# Klo & Co.

Auf dem Klo sind verschiedene Aktivitäten denkbar. Die wichtigste neben der Blasen- und Darmentleerung ist sicherlich auch die ungewollte Magenentleerung.

| | |
|---:|:---|
| barf | rückwärts essen |
| beaver fever | *Bieber Fieber:* Dünnpfiff (wird von Bibern verursacht); aber auch: geil drauf sein |
| drain the pickle | *auswinden die Essiggurke:* urinieren |
| go to the can | auf die Büchse gehen |
| go to the little boys'/girls' room | *gehen zu dem kleinen Jungen- / Mädchenraum:* auf's Klo gehen |
| happy landing! | *gute Landung:* Hals- und Beinbruch-Spruch für WC-Gänger |
| hork | kotzen |
| lay cable | *Kabel legen:* scheißen |
| let one rip | *eine Rippe lassen:* einen fahren lassen |
| pee through your ass | *pissen durch den Arsch:* Dünnpfiff |
| pray to the porcelain god | *beten zu dem Porzellangott:* kotzen |
| puke | kotzen |
| ralph / call ralph | kotzen (dem Geräusch nachempfunden) |
| ring of fire | *Feuerring* Dünnpfiff |
| shit through the eye of a needle | *scheißen durch das Auge einer Nadel:* Dünnpfiff haben |
| slice cheese | *schneiden Käse:* furzen |
| spew | *ausspeien:* erbrechen |
| spit | spucken |
| take a dump | *nehm einen Reinschmeißer:* scheißen |
| take a leak | *nehm eine Pfütze:* pissen |
| toss up (the cookies) | *bring hoch (die Kekse):* kotzen |
| upchuck | kotzen |
| yak | *grunzen:* spucken |

# Klo & Co.

**Beans, beans good for your heart,**
**the more you eat, the more you fart!**
*Bohnen, Bohnen gut für dein Herz,*
*je mehr du isst, je mehr du furzt*
Jedes Böhnchen ein Tönchen.

**I gotta take a leak so bad I can taste it!**
*ich machen-muss eine Pfütze so schlecht ich kann schmecken es*
Ich muss pissen wie ein Brauereigaul!

Resultate der obenerwähnten WC-Aktivitäten können beispielsweise die folgenden sein:

| | |
|---|---|
| **blackhead** | *schwarzer Mitesser* |
| **bowl of snakes** | *Schüssel voller Schlangen* |
| **chocolate bar** | *Schokoriegel* |
| **goober** | *Rotz* |
| **hershey squirts** | *Schoko Spritzer* (Durchfall) |
| **pipe** | *Röhre* |
| **poo**,(v) | *Kacke* |
| **puppy** | *Hündchen* |
| **snot** | *Rotz* |
| **toilet trout** | *WC Forelle* |
| **turd** | *Stück* |
| **whale** | *Wal* |
| **whitehead** | *weißer Mitesser* |

# Lockere Alltagssprache

## Lockere Alltagssprache

**D**ie lockere Alltagssprache kann man in viele Themenkategorien unterteilen. Hier sind die Begriffe so sortiert, dass zunächst von einer angenehmen Konversation ausgegangen wird der langsam eine unangenehmere Auseinandersetzung folgt. Am Anfang allerdings steht die Begrüßung:

*Mit einem Smartphone können Sie sich die Wörter, Sätze und Redewendungen dieses Kapitels anhören.*

| | |
|---:|---|
| hey dude! | Hallo Kumpel |
| hey! | Hallo |
| howzit going!? | Wie geht's? (Antwort: **howzit going!?**) |
| what's up? | Wie geht's? |
| what's happening? | Was läuft? |
| what's-his/her name | *was-ist sein/ihr Name:* Frau/Herr Dingsda |
| what's his/her face | *was-ist ihr/sein Gesicht:* Frau/Herr Dingsda |

## Lockere Alltagssprache

Nach der Begrüßung kann man zu einem unterhaltenden Gespräch übergehen:

| | |
|---|---|
| quasseln, schwatzen | babble |
| *Abfall:* Schwachsinn, Unsinn, Kacke | crap |
| *weinend um verschüttete Milch:* sich um etwas Sorgen machen, was nicht zu ändern ist | crying over spilt milk |
| *tu-nicht machen eine Kuh:* mach nicht so einen Aufruhr | don't make a cow |
| unverständliches Geblabber | gobbledygook |
| *haben Munddurchfall:* reden wie ein Wasserfall | have diarrhea of the mouth |
| *wie:* Füllwort, wie nicht wahr, gell, oder | like |
| *Katzenfutter:* Um den heißen Brei reden | pussy foot |
| *die Scheiße trifft den Ventilator:* ordentlich miteinander streiten | the shit hits the fan |
| *schießen die Scheiße:* über Gott und die Welt miteinander reden | shoot the shit |
| *spare mich:* Verschone mich! | spare me! |
| *spucken:* schwatzen, quatschen | spew |
| *streicheln / massieren jemandes Ego:* jemandem Komplimente machen | stroke/massage someone's ego |
| etwas abschließen, hinzufügen | top something off |
| quatschen, schwatzen | waffle |

**He's talking so much crap.**
*er-ist redend so viel Abfall*
Er redet nur Schwachsinn.

**how 'bout them Jays / Leafs!**
*wie steht's mit den Jays / Leafs*
Wie ist das Wetter?

*Die Jays sind eine Baseballmannschaft, die Leafs eine Hockeymannschaft,*

**105**

# Lockere Alltagssprache

## Zustimmung, Einverständnis

| | |
|---|---|
| alrighty then! | *o.k.-chen dann:* also gut! / na gut! |
| big time! | *große Zeit* Spitze! Toll! Ganz genau! |
| eh?! | ey, gell, oder |
| for sure | *für sicher:* aber sicher / na klar / klar doch! |
| gung ho | unabhaltbar enthusiastisch, sehr zielstrebig |
| hack something | etwas auf der Reihe haben |
| I can hack it | ich mach das schon / ich komm damit klar |
| i don't give a hoot | Das ist mir (scheiß)egal! |
| I'm there! | Ich werde da sein (statt, **I'll be there**) |
| like minded | gleichgesinnt |
| right good | *genau gut:* OK, toll |
| right up your alley | *genau hoch deine Gasse:* genau dein Fall |
| tell me about it! | *erzähl mir davon:* Wem sagst du das! |
| that'sa thought! | *das-ist ein Gedanke:* Das ist eine gute Idee! |
| word! word up! | *Wort (hoch):* Einverstanden! |

## Zweifel

| | |
|---|---|
| as if! | *als ob!:* Quatsch nicht! / Nie im Leben! |
| get out (of town)! | *geh (r)aus (der Stadt):* Das glaubst du selbst nicht! |
| no way! | *kein Weg:* Das glaub ich nicht! |
| not! | *nicht:* Sicher nicht! / Keine Chance! |
| show the cold shoulder | *zeigen die kalte Schulter:* jemanden ignorieren |
| what the heck?! | Was soll das! Was zum Teufel …? |
| whatever! | *wasimmer:* wie auch immer! / Lass mich damit in Frieden |

## Lockere Alltagssprache

### Super, irre toll

| | |
|---|---|
| verblüffend, toll | amazing |
| super, toll | awesome |
| super, irre, toll | beauty! |
| *hurich:* super; beschissen | bitchin'! |
| brutal, stark | brutal |
| toll, irre, super | excellent! |
| geil, was?! | fuckin' eh! |
| *Jesus:* Mein Gott! | geez! |
| *gehe real:* Wach auf! / Träum nicht! | get real! |
| *gib mir einen Bruch:* Lass mich in Ruhe! | give me a break! |
| *intensiv:* toll, irre | intense |
| *das rockt / es-ist rockend:* Das fetzt! | it rocks! it's rocking! |
| *gemein:* toll, super | mean |
| so cool, dass es weh tut | so hip it hurts |
| *süß:* toll | sweet! |
| Das glaubst du ja selbst nicht! | take off, eh |
| *boshaft:* toll, unglaublich | wicked |

FUCKIN' EH!

107

# Lockere Alltagssprache

**she makes a mean spaghetti**
*sie macht eine gemeine Spaghetti*
Sie macht sehr gute Spagetti!

**he's a mean hockey player**
*er-ist ein gemeiner Haupthockeyspieler*
Er ist ein sehr guter Hockeyspieler!

## Freude, glücklich sein

| | |
|---|---|
| be happy a camper | *sein ein glücklicher Camper:* guter Laune sein |
| crack up | *aufbrechen:* laut herauslachen |
| get a kick out of s.th. | an etwas Gefallen finden |
| have a ball | *haben eine Tanzball:* eine gute Zeit durchleben |
| have a horseshoe up your ass | *haben ein Hufeisen über deinem Arsch:* Glück haben |
| it turns my crank | Das macht mich an! |
| it's been real | *es-war gewesen echt:* Wir haben eine gute Zeit gehabt. |
| kneeslapper | *Knieschläger:* etwas so lustig finden, dass man sich vor Freude auf die Knie schlägt |
| psyched | *psychologisiert:* sich unheimlich auf etwas freuen |
| second wind | *zweiter Wind:* die zweite Luft kriegen |
| walk on air | *gehen auf Luft:* überglücklich sein |

# Lockere Alltagssprache

es gibt aber auch andere Emotionen als nur Glück ...

| | |
|---|---|
| *Korbfall:* ein Fall für den Psychiater | basket case |
| beruhige dich | chill out! |
| Reiss dich zusammen! | get a grip! |
| *gepisst:* stocksauer; besoffen | pissed |
| *verängstigt scheißlos:* | scared shitless |
| vor Angst in die Hose machen | |
| *scheiß deine Hosen:* Schiss haben | shit your pants |
| *Nimm 'ne Abkühlungspille:* beruhige dich | take a chill pill babe! |

**feel something in the pit of the stomach**
*fühlen etwas in der Spitze des Magens*
ein ungutes Gefühl im Bauch haben

**have butterflies in your stomach**
*haben Schmetterlinge in deinem Magen*
wacklige Knie haben

... man kann auch mal Pech haben oder total k.o. sein

| | |
|---|---|
| *geschlagen:* total ausgelaugt sein | beat |
| *du-bist totes: Fleisch* total kaputt sein | you're dead meat |
| *unten und aus:* fix und foxy sein | down & out |
| in Schwierigkeiten (geraten) sein | get in trouble |
| alles ist drunter und drüber / chaotisch | gone haywire |
| Pech haben | hard done by |
| sauer sein | it's a bummer/ bumming/bummed out |
| langweilig, ärgerlich | it's a drag |
| *umstoßen den Eimer:* sterben | kick the bucket |

# Lockere Alltagssprache

| | |
|---|---|
| maxed out | *maximal aus:* fix und fertig sein |
| on his last legs | *auf seinen letzten Füßen:* aus dem letzten Loch pfeifen |
| overkill | Überdosis / -angebot |
| run out of luck | vom Glück verlassen werden |
| s.o.l., shit out of luck | kein Glück mehr haben |
| this sucks! | Das ist Scheiße! |
| wasted | erschöpft sein; besoffen sein |

Gewisse Leute können einem wirklich die Laune verderben; die haben manchmal ein so ekelhaftes Benehmen. Man fragt sich dann wie's mit der Intelligenz denn so steht. So gibt es eine ganze Reihe Ausdrücke, die allesamt das gleiche bedeuten: „Leck mich am Arsch!":

**brown nose**  
*braune Nase*

**sit and spin!**  
*sitz und dreh*

**suck me til I shoot blood!**  
*saug mich bis ich schieße Blut*

**suck up**  
*jmd. ansaugen*

**use my piss for mouth-wash!**  
*benutze meine Pisse als Mundspüler*

**use my shit for toothpaste!**  
*benutze meine Scheiße als Zahnpasta*

*spöttische Bemerkung gegenüber jemandem, der gerade hinfiel*

**Did you have a nice trip?**  
*gehabt du hast eine schöne Reise*

**duh!!**  
Bist du noch ganz sauber?

## Lockere Alltagssprache

**dumb as a sack of hammers**
*dumm wie ein Sack voller Hammer*
strohdumm sein

**few logs short of a full load**
*paar Stämme weniger von einer vollen Ladung*
nicht alle Tassen im Schrank haben

**How's the weather down there?**
*wie-ist das Wetter unten dort*
(beleidigende Frage an Kleinere)

**keep your day-job**
*behalte deine Tages-Stelle*
gib auf / du bist nicht sehr talentiert

| **loony bin** | **Walk much? Talk much?** | *spöttisch, wenn jemand* |
|---|---|---|
| Klapsmühle | *sprichst / läufst oft* | *stolpert oder stottert* |

**What are you? Drunk?**
Was ist los? Bist du betrunken?

**fuck you and the horse you rode in on!**
*fick dich und das Pferd du reitest in auf*
Hau ab, du und dein ganzes Gefolge!

**I wouldn't walk across the street to piss in your ear if your brains were on fire**.
*ich würde-nicht laufen über die Straße zu pissen in dein Ohr wenn dein Hirn ist auf Feuer*
Wenn dein Hirn brennen würde, würde ich ja nicht einmal über die Straße gehen, um in dein Ohr zu pissen.

# Lockere Alltagssprache

**Have you been smoking your socks?**
*hast du gewesen rauchend deine Socken*
Was ist denn mit dir los?

**You're the biggest fuck I've ever seen!**
*du-bist der größte Fick ich-habe jemals gesehen*
Du bist das größte Arschloch, das mir jemals begegnet ist!

Setzt man sich zur Wehr, bekommt man unter Umständen zu hören, dass man sich doch nicht so gehen lassen und zusammenreißen sollte:

| | |
|---|---|
| **get a cause!** | *krieg einen Grund* |
| **get a hair cut!** | *krieg einen Haarschnitt* |
| **get a job!** | *krieg eine Arbeit* |
| **get a life!** | *krieg ein Leben* |

# Lockere Alltagssprache

## „Geh doch zum Teufel"- Sprüche

Jemanden zum Teufel schicken, jemandem mitteilen, dass er sich jetzt endlich verpissen soll, die Klappe halten oder jemandem deutlich machen, dass er den Sprecher mal kann, macht man folgendermaßen deutlich:

| | |
|---|---|
| bite me! | *beiß mich* |
| bite my ass! | *beiß meinen Arsch* |
| bugger off! | *verzieh dich* |
| cork it! | *verkork es* |
| eat a bowl of fuck! | *iss eine Schüssel Fick* |
| eat me! | *iss mich* |
| eat shit and die! | *friss Scheiße und stirb* |
| fuck off and die! | *fick runter und stirb* |
| fuck off! | *fick runter* |
| get lost! | *geh verlaufen* |

**get off my back!**
*geh runter-von meinem Rücken*

**go fly a kite!**
*geh lass-steigen einen Drachen*

**go play on the free-way!**
*geh spielen auf der Autobahn*

**jump in a lake!**
*spring in einen See*

**jump off a bridge!**
*spring runter-von einer Brücke*

# Lockere Alltagssprache

| | |
|---|---|
| **piss off!** | *verpiss dich* |
| **put a sock in it** | *stopf eine Socke in es* |
| **shut up!** | *halt die Klappe* |
| **take a hike!** | *mach einen Spaziergang* |

**take a long walk off a short pier**
*mach einen langen Spaziergang ab ein kurzes Pier*

# Lockere Alltagssprache

**herumhängen, herumlatschen oder auch herumalbern...**

| | |
|---|---|
| herumlungern | bum around |
| flach hinfallen | eat it |
| *Elefanten sind kommend* : die Meute wartet ungeduldig | elephants are coming |
| *Augapfel:* jemanden anstarren | eye ball |
| *bring deinen Arsch in die Gänge:* auf geht's | get your ass in gear |
| *mach deine Füße nass:* etwas ausprobieren | get your feet wet |
| *gib jemandem das Auge:* genau anschauen | give someone the eye |
| *schäbig:* herumhängen | grunge |
| in die Falle gehen, schlafengehen | hit the sack |
| plaudern | hobnob |
| *Hufe sind rasselnd:* Leute warten ungeduldig | hooves are rattling |
| feiern | party |
| *spielen Luftgitarre:* so tun, als hätte man eine Gitarre in den Händen | play air guitar |
| *spielen nach-dem Ohr:* etwas so nehmen wie's gerade kommt | play by ear |
| herumhängen, nichts tun | procastinate |
| *aufstehen und scheine* steh auf | rise and shine |
| jemanden mustern | scope out |
| sich zusammennehmen | shape up |
| sich zusammenreißen | smarten up |
| abhauen | split |
| warten, irgendwo bleiben | stay put |
| tragisch cool | tragically hip |

**get your foot in the door**
*bring deinen Fuß in die Tür*
Mach dich bemerkbar! / Mach einen Anfang!

# Lockere Alltagssprache

**You've got to act fast if you want it to happen!**
Du handelst besser schnell, wenn du das wirklich willst.

**take a walk on the wild side**
*mache einen Spaziergang auf der wilden Seite*
Mach mal was Verrücktes!

### etwas vermasseln, über's Ohr gehauen werden

| | |
|---|---|
| clink | Knast |
| do time | *machen Zeit:* im Knast sitzen |
| fuck up | *fick hoch:* etwas vereiteln |
| get dicked over | *werden gegraben über:* zum Narren gehalten |
| get screwed | *werden reingeschraubt:* reingelegt werden |
| get shafted | reingelegt werden |
| hork | stehlen |
| lift | *heben:* etwas klauen |
| mess up | etwas gehörig vermasseln |
| mooch | jemanden ausnützen / schmarotzen |
| nick/teef | jemanden reinlegen / etwas klauen |
| rip off / to get ripped off | beschissen werden |
| scam | jemanden (um Geld) betrügen |
| screw up | etwas vermasseln |

**work the system**
*arbeiten das Sytem*
den Staat ausnutzen / reinlegen

# Lockere Alltagssprache

Was man sonst noch zu Gesicht bekommt:

| | |
|---|---|
| Durchschnitt (Baseballstadion **ballpark**, im Baseball werden sehr viele Statistiken gesammelt und für alles ein Durchschnitt ausgerechnet) | ballpark figure |
| *bei der Haut von deinen Zehen:* haarscharf, ganz knapp | by the skin of your teeth |
| der / die / das Beste vom Besten (stammt aus der Milchproduktion, die beste Milchkuh wurde so bezeichnet.) | cream of the crop |
| *wie sie-sind gehend aus der Mode:* an etwas stark hängen, als ob es dieses Ding bald nicht mehr gäbe | like they're going out of style |
| *mein Hals von den Wäldern:* in meiner Nachbarschaft / Nähe | my neck of the woods |
| keine Ahnung von etwas haben | to not have a clue |
| *weg-von der Mauer:* extrem / ungewöhnlich | off the wall |
| schäbig | rinky dink |
| Polterabend (für beide Geschlechter) | stag'n'doe |

**TGIF = thank God it's Friday**
Endlich ist das Wochenende in Sicht!

**to a T**
*zu einem T*
aufs Haar genau passen

**He/she thinks that his/her shit doesn't stink.**
*er/sie glaubt, dass seine/ihre Scheiße tut-nicht stinken*
Er/sie ist trägt seine/ihre Nase aber sehr hoch/ist ziemlich arrogant.

# Literaturtipps

...bleibt noch die Verabschiedung:

**Bye now!**
*wiedersehen jetzt*
tschüss

**Later!**
*später*
Bis später!

**Let's cruise!**
*lass-uns herumfahren*
Gehen wir!

**let's skip this popsicle stand!**
*lass-uns auslassen diesen Wassereis-am-Stiel Stand*
Lass uns aufbrechen!

**seeya wouldn't wanna be ya!**
*sehe-dich würde-nicht wollen-zu sein dich*
Mach's gut! (ich würde nicht gerne du sein)

## Literaturtipps

**H**ier noch zwei weiterführende Lesetipps vom Autor:

*Diese Bücher sind nicht über den Reise Know-How Verlag erhältlich. Bitte wenden Sie sich an Ihre Buchhandlung.*

**Parkin, Tom.** Wet Coast Words, A Dictionary of British Columbia Words and Phrases. Orca Book Publishers, Victoria, BC, 1989.

**Thain, Chris.** Cold as a Bay Street Banker's Heart, The Ultimate Prairie Phrase Book. Western Producer Prairie Books, Saskatoon, Saskatchewan, 1989

# Register A-Z

**D**ie wichtigsten Stichwörter werden hier alphabetisch zusammengefasst und fangen alle ungeachtet ihrer üblichen Schreibweise mit einem Großbuchstaben an. Die Zahl hinter den Einträgen verweist auf die Seite, auf der man den entsprechenden Ausdruck findet.

## A

Acadia 27
Accent 94
Acid 86
Action 98
Adios 55
Air 108
Algonquin 44
Alki 84
Amazing 107
Anglo 32
Ankle-biters 101
Anorac 67
Answering
-machine 71
-service 71
Arm 65, 98
Arse 49, 100
Ass 108
Assiniboine 25
Awesome 107

## B

Babble 104
Babe 90
Babushka 67
Bachelor 60
Back 113
Bacon 79-80
Badlands 27
Bag 92, 98
Bagels 79
Bagger 55
Balaklava 67
Ball 54, 108
Ballpark 117
Baloney 80
Banana peeling 86
Banff 27
Bar 88
Barf 102
Base 73
Bashing 93
Basket case 109
Bass 46
Bathroom 101
Bay 66
BC 27
BC bird 47
BC flower 42
Beachcomber 33
Bearbuck 65
Beat 109
Beauty 107
Beaver 38, 95, 98
Beavertail 80
Bee 97
Beemer 74
Beer 83
Berry 43

Bible 66
Biffey 101
Bimbo 90
Binge 81
Biscuit 52, 87, 95
Bison 44
Bitch 90
Bitchin' 107
Bite 49, 113
Black blizzard 49
Black cent 64
Black ice 49
Blackhead 103
Blading 57
Blizzard 49
Bloc Québecois 59
Blow job 98
BLT 80
Blue balls 98
Blueberry 43, 79
Bluebird 47
Bluejay 47
Boarding 70
Boats 33
Boff 98
Bombardier 74
Bone 52, 91, 93
Boobs 95
Boom 33
Boonies 70
Boot 63, 69
Bootlegging 84
Booze 77
Bop 77
Box 83
Boy 91
Brain 63, 86, 98
Bread 89

**119**

# Register

Breath 88, 93
Brew 83
Bridge 113
Broke 65
Broomball 54
Brown bag 63
Brown pop 83
Brownies 79
Brutal 107
Buck 64
Bucket 87, 92, 109
Buckskin 67
Buddy 87
Buffalo 44
Bugger 113
Bull 94, 100
Bulldog 46
Bullshitter 87
Bum 87-88, 115
Bumble bee 46
Bummer 109
Bumper 57
Bun 97-98
Bunny 54, 97
Buns 97
Burbs 70
Busted 86
Butt 85, 97
Butterflies 109
Button 52
Buzz 73

## C

C-note 64
CAA 39, 74
Cabin 98
Cable 102
Cadborosaurus 33
Cadet 90
Caffeine 84
Cake 88, 97
Cakes 97
Calgary Redeye 84
Calling cards 72
call ralph 102
Camper 108
Can 77, 102
Cancer sticks 85
Canoe 26, 74
Canuck 32, 42
Car phone 71
Caribou 44
Carpet 94, 98
Caterpillar 58
Cause 112
CBC 39
Cell phone 71
Cement 52
Cents 64
CFL 55
CFM boots 69
Chaps 67
Charleston 62
Cheese 102
Chesse 55
Chest 100
Chesterfield 70
Chew 98
Chica 90
Chicken 94, 98
Chill 109
Chin 100
Chinook 27, 33
Chipmunk 44
Chocolate bar 103
Chow 81

Chuck 34
Cid 86
City slicker 88
Clam chowder 79
Clicks 74
Clink 116
Clubbing 77
Clue 117
CN 74
CNE 39
Cock 93, 96
Cockroach 69
Coffin nails 85
Cold 83
Colleges 56
Color 88
Comforter 70
Common law 59
Conservative 59
Contest 33
Conversationalist 90
Cool 64
Coolie 83
Coot 92
Cordless 71
Cork 113
Corn 80
Correctness 32
Costs 65
Couch 70
Cougar 44
Cow 90, 104
Cow juice 84
Cowboy 94
Coyote 44, 98
CPR 74
Crack 83, 108
Cram 61

# Register A-Z

Cranberry 79
Crank 108
Crap 101, 104-105
Crazed 86
Cream 117
Cree 25
Cross 93
Crow storm 49
Cruel 88
Cruise 118
CSIS 39
Cum 98
Cunt 95
Curds 78
Curling 57
Curveball 55
Cushion 97
Cutie 97
Cutlery 70

## D

Dalhousie 62
Dancing 99
Dash 77
Dawn 100
Day-job 111
Dead ringer 88
Death sticks 85
Deck 85
Deke 52
Dep 84
Diarrhea 104
Dick 93
Dicked over 116
Dickey 67
Die 113
Dig 81
Digger 49
Digs 70
Dime 64
Dimwit 88
Dine 77
DINK 63
Dipper 55
Ditz 90
Dive 77
Dix 64
Do 90 74
Dog 80, 91
Dollars 64
Dolt 91
Donkey 100
Donut 52
Doobie 86
Door 115
Doorknob 92
Doormat 88
Dork 88
Doubloon 65
Dough 65
Doukhobors 35
Downtown 70
Drag 85, 109
Drain 63, 102
Dresser 93
Drink 98
Drinking age 82
Dumb 111
Dump 102
Dumpster 101
Dust bunny 70
Duster 95
Duvet 70
Dweeb 91
Dyke 93

## E

Eager beaver 88
Ear 115
Ear muffs 67
Eat 77, 81, 98, 113, 115
Eaton 66
Egg 79
Elementary school 60
Elephants 115
Elevator 35
Excellent 107
Expecting 101
Eye 115

## F

Face 57, 81
Fag 93
Fairy 93
Fake 53
Famished 81
Farmer's tan 35
Fart 92
Fastball 55
Fellow 93
Fever 98, 102
Fiddle head 43, 79
Fin 64
Final 61
Finsky 64
Fire 81, 94
Fireweed 42
First Nations 24
Flamer 93
Flapjacks 79
Flaps 96
Fleece 65
Fleur de lys 36

**121**

# A-Z Register

Flicks 78
Flintsone 88
Floatplane 74
Flower 90
Fly 100
Fly season 46
Foot 40
Fox 44
Free-way 73, 113
Frog 32
Frosty 83
Fry 86
Fuck 69, 98, 111, 116
Fuckin' eh 107
Funnies 70
Funny papers 70

## G

G-note 64
G-string 69
Gaggle 90
Galoshes 67
Gash 96
Gay 93
Gear 115
Geek 88
Geez 107
Geezer 91
Get 65, 112
Get screwed 116
Get up 69
Giant 91
Gib-boned 90
Gino 91
Girls 90
Give 107
Gobbledygook 104
Goggles 88

Goober 103
Good 106
Goose 38
Gopher 44
Gorge 81
Grades 61
Grand 64
Grand slam 55
Gravy 78
Greasy 77
Grey Cup 56
Grid iron 56
Griddle cake 80
Grip 109
Grizzly bear 44
Grunge 115
GST 39
Guido 91
Guitar 115
Gumby 91
Gung ho 106
Gypped 65

## H

Hack 91
Hack something 106
Haida 25
Hair cut 112
Halloween 40
Ham 79
Hammer 91
Hands 52
Hang 74
Hangout 77
Hangover 84
Hash browns 79
Hat 52
Haywire 109

Head 87, 91, 98
Headbanger 88
Heat 55
Heart 97
Heat waves 48
Heli-skiing 57
Helicopter 52
Hershey 99, 103
Hick 88, 96
High rises 70
High school 60
High test 83
Hike 114
Hill 87
Hip 98, 107, 115
Hip huggers 69
Hit 84
Hobnob 115
Hockey 54
Homerun 55
Homophobic 93
Honey 97
Hoot 106
Hooves 115
Hopping 77
Hork 102, 116
Horny 100
Horse 81, 96, 111
Horsefly 46
Horseshoe 108
Hoser 91
Hot 90, 94
Hover 88
Huggers 69
Hummer 99

# Register A-Z

## I

Ice fishing 57
Ice queen 99
Igloo 26
Inches 40
Indian giver 88
Inline skating 57
Inmate 54
Intense 107
Inuit 24, 25

## J

Jack-knife 74
Jail bait 99
Jargon 33
Jerk 88
Jerky 80
Jewed 65
Jewels 96
Jism 99
Job 112
Jock 54, 62
Jockstraps 53
Joint 77
Jonesing 86
Joual 36
Jughead 91
Jump start 74

## K

K 64
Kayak 26
Keener 61
Kick 108
Kike 88
Killer whale 44
Kite 86, 113
Kitty corner 75
Kitty litter 101
Kneeslapper 108
Knob 92
Knuckles 92
Kokanee 46
Kootenay 25
Kraft dinner 80
Kwakiutl 25

## L

Labour Day 40
Lacrosse 56
Lady's slipper 42
Laid 63, 98
Lake 113
Later 118
Law school 60
Lazy 88
LBS 84
LCBC 84
LCBO 84
Leak 102-103
Leg 65
Legion 84
Liberal 59
Lieu days 63
Life 88, 112
Lift 116
Lights 49
line 52
ip 69
Liquor store 82
Little 102
Livier 36
Load 111
Loafers 93
Local calls 71
Log 34
Loggers' sports 33
Lollipop 85
Longhouse 34
Longjohns 67
Loon 65
Loonshit 47
Loony bin 111
Loser 88
Love 90
Lovey-dovey 98
Low 64
Ltd 39
Luck 110
Lucre 65
Lumber 34, 52

## M

MacGill 62
Machine 98
Magic mushrooms 86
Magnet 91
Maintenance 90
Malls 66
Manners 70
Maple leaf 38
Marks 61
Massage 105
Maxed 110
Mayflower 42
Mean 107-108
Meat 109
Med school 60
Melons 96
Mennonites 35
Mess 116
Met 75
Métis 25
Mice 54

# Register

Michigan 80
Mid-term 61
Mile 40
Milk 104
Minorities 32
Missile 96
MLA 59
Mocassins 26, 67
Mohawk 25
Monja 88
Month 99
Mooch 116
Moonlighting 99
Moose 44, 79
Moosemilk 84
Mosh 77
Mosquitoes 46
Mountain avens 42
Mountie 38
Mouth 81, 87,88 , 104
MP 59
Mph 74
Mr. Happy 96
Muffin 92, 97
Mukluk 68
Muktuk 26
Mula 65
Muncher 94
Munchies 86
Munching 98
Muskox 45
Muskrat 45
Mustache 99
Mustang 45

### N
Native Americans 24
Native status 24

Nay sayer 88
NDP 59
NDT 36
Nectar 99
Needle 102
Nerd 88
Nerves 36
Net 52
Newfie 32
NHL 50
Nick 116
Nickel 65
Night 90
Nighter 61
Nookie 99
Nootka 25
Nose 65, 110
Nuclear 70
Nuke 70
Numb 92
Nut 88, 100
Nuts 99
NWT 27

### O
Ogopogo 34
Ojibwa 25
Oka 80
Orca 44
Order 73
Outa here! 55
Outhouse 101
Overkill 110
Oyster 96

### P
Pack 85
Pack rat 88

Packer 94
Pager 71
Pancakes 79
Pants 109
Party 115
PAU 99
Pay 65
Pea soup 80
Peameal bacon 80
Peanut butter 53
Pearl necklace 99
Pecker 96
Pedal-pushers 69
Pee 101-102
PEI 27
Penny 65
Pepper 32, 55
Pepsi 32
Perv 88
Pickerel 46
Pie 80, 97
Piece 88
Pig 81, 88
Pigskin 56
Pill 52, 89, 109
Pin head 92
Pint 83
Pipe 96, 103
Pipes 52
Piss 109, 110-111
Pisswater 83
Pitcher 42, 55
Plant 57
PNE 39
Pogey 63
Pokey 92
Polar bear 45
Poo 101

# Register

Poontang 99
Pop pills 84, 86
Popsicle 118
Porcelain god 102
Porcupine 45
Porksword 96
Porridge 80
Portage 47
Pot 86
Potato 70
Pothole 74
Potlatch 34
Pound 40
Poutine 78, 100
PQ 59
Prairie crocus 42
Prairie dog 45
Preggy 101
Pregnant 101
Premium 83
Pretty 98
Prickly rose 42
Procastinate 115
PST 39
Psyched 108
Ptarmigan 47
Pub crawl 77
Pubbing 77
Puck 52, 54
Puke 88, 102
Pumpkin 40
Puppy 103
Purple violet 42
Pussy foot 104

**Q & R**
Quarter 65
Quat 36

Quebecer 32
Queen's 62
Queer 94
Quilt 71
Raccoon 45
Ralph 102
Ranger 94
Rapberry 96
Rat-race 64
Rave 77
RCMP 38-39
Red light 52
Redeye 74
Redneck 89
Reefers 86
Reform Party 59
Report card 61
Rigger 34
Ring 102
Rinky dink 117
Rip 102, 116
Rise 115
RMC 62
Roach 86
Rock 107
Rocket fuel 83
Rodeo 35
Rollie 85
Roots 85
Rubbernecker 74
Rubbers 68
Rug rats 89, 101
Runners 69
Rust 31

**S**
S&M 101
Sack 115

Salami 55
Sales 66
Salish 46
Salmon 46
Sand box 101
Sandnigger 89
Saskatoons 43
Sasquatch 34
Sausages 79
Scab 64
Scam 116
Scarberian 32
Scared 109
Scarf 81
Schlong 96
Schmuck 35
Scooter 92
Scope 115
Scot-free 65
Screw 116
Sea food 79
Set 81
Sex kitten 99
Sex-talk 99
Shack up 71
Shafted 116
Shape 115
Shawl 35
Sheep 35
Sheperd's pie 80
Shine 115
Shining 57
Shinny 54
Shit 89, 102, 105, 109
Shithawk 47
Shitkickers 68
Shitless 109
Shitter 97

# A-Z Register

Shmo 89
Shnuckums 97
Shooter 92
Shot 52, 91
Shout 73
Shower 99
Sieve 52
Siffleur 45
Silverware 70
Simon Fraser 62
Simpson's 66
Sioux 25
Sissie 92
Sister 94
Sitzmark 57
Skid road 84
Skid row 84
Skidoo 58
Skiing 57
Skippy 92
Skunk 45
Skytrain 74
Slab 80
Slap 52
Sleaze 92
Sleet 49
Slice 80, 89
Slime 92
Slimy 89
Slippery 89
Slit 96
Slush 49
Slut 90
Smarten 115
Smoke 55, 85
Smoker 93
Smoking 112
Smooth 89

SNAG 92
Snake 89, 103
Snarf 81
Snot 103
Snow cat 58
Snowangel 58
Snowbirds 47
Snowmobile 57-58, 68
Snowshoes 57, 58
Snowtick 46
Soaker 68
Sockeye 46
Socred 59
Soda 84
Solid 89
Soopolallie 43
Spacce 90
Space 86
Spar 35
Spare 105
Spazz 89
Spew 102, 105
Spikes 69
Spin 110
Spinner 55
Spit 102
Split 115
Spoon 77
Spot 65
Spring 46
Spud 80
Squaw 26
Squirrel 45
Squirts 103
St. Jean Baptiste 40
Stacked 96
Stag'n'doe 117
Stanfiels 68

Stanley Cup 50
System 116
Starved 81
Stay 115
Steamé 80
Steller's Jay 47
Stick 52, 71
Stiffed 65
Stinkhammer 96
Stomach 81, 96, 109
Stone 52
Stoned 86
Stook 35
Streetcar 75
Strike 55
Stripes 54
Stud 92
Stuff 81
Style 117
Suave 92
Sub 80
Submarine 80, 99
Suburbs 70
Suck 110
Suck off 99
Suds 83
Suit 64, 68
Suk-kegh 46
Summer 49
Sunburn 53
Sure 106
Surrey 34
Sweater 68
Sweet 107
Sweetums 97
Sweety 97
System 11 6

# Register A-Z

## T

Taco 95
Tan 31
Teef 116
Teepee 26
Teeth 117
TGIF 117
Thanksgiving 40
Thingamajig 96
Tickets 74
Tight 65
Time 116
Tits 96
Toboggan 58
Toe 69
Toilet trout 103
Toke 85, 86
Tone keys 72
Toonie 65
Toothpaste 110
Toque 68
Toronto Blue Jays 50
Toss 102
Totem pole 26, 64
Tourtière 80
Tow trucks 74
Trappers 30
Trash 89
Tree 35
Trendoid 69
Trick 52
Trip 110
Tripper 55
Trouble 109
TSE 39
Tube 71
Tube steak 80, 96
Turd 94, 103
Turtle neck 68
Twerp 92
Twin peaks 96
Twinky 94
Twit 89
Two-four 83

## U

UBC 62
Ugly 89
UIC 64
Ulus 26
Undergraduate 60
Unleaded 83
UofT 62
Upchuck 102
Upstairs 53

## V

Vamps 36
Vanity plates 75
Victoria Day 40
Voice mail 71
Voyageurs 30, 36, 45
VSE 39

## W

Waffle 105
Wall 90, 100
Wanna be 89
Washboard 96
WASP 89
Waste case 86
Wasted 110
Wazoo 97
Weasel 92
Weather 111
Wedgie 69
Weed 86
Weeny 96
Western red lily 42
Whale 103
Wheat 35
Wheels 75
Whistler 45
White trash 32
White trillium 42
Whitehead 103
Wicked 107
Wild rose 42
Wild side 116
Wind 108
Windshield 75
Winner 89
Wino 84
Winter 48
Witch 49
Wom pom 65
Woods 36, 117
World Series 50

## X & Y & Z

X-mas 40
Yak 102
Yard 40
Yeah sayer 92
York 62
Yuppie 89
Za 80
Zamboni 54
Zebra 54
Zipperhand 92
Zoomer 99
49th parallel 27
60th parallel 27

# Autor

**P**hilipp Gysling ist schweizerisch-kanadischer Doppelbürger; er hat mehrere Jahre in verschiedenen Teilen Kanadas gelebt. Auch jetzt ist er mehrheitlich in Toronto anzutreffen. Er hat an den Universitäten in Zürich und Toronto Sprachen und Literatur studiert und arbeitet zur Zeit für einen medizinischen Verlag, in dem er für redaktionelle, übersetzerische und Internetaufgaben verantwortlich ist.

Die Affinität zu Kanada ist bei ihm schon in der Kindheit entstanden. Er ist in Québec in die Grundschule gegangen, und als er mit 12 Jahren mit seiner Familie wieder in die Schweiz zurückkehrte, war er schon ein halber Kanadier. Im Rahmen des Studiums in Zürich konnte er später ein Jahr in Vancouver verbringen und nach der Promotion erhielt er ein Stipendium, um an der Universität Toronto einen M.A. zu machen.

I'd like to thank the two people who were instrumental in the gathering of slang phrases while I was working on this booklet. Deb and Kevin thank you very much for your input and support and the many funny phrases. Not only do I thank Deb for her sharp sense of observation but also for her love.
I love you too, Deb :-)